Walter Neukom • Wahrheit und Lüge

Walter Neukom

Wahrheit und Lüge

Das geistige Testament
eines Hundertjährigen

FRIELING

Bibliografische Information der Deutschen Nationalbibliothek

Die Deutsche Nationalbibliothek verzeichnet diese Publikation in der Deutschen Nationalbibliografie; detaillierte bibliografische Daten sind im Internet über http://dnb.d-nb.de abrufbar.

Rheinstraße 46, 12161 Berlin
Telefon: 0 30 / 76 69 99-0
www.frieling.de

ISBN (Print): 978-3-8280-3838-7
1. Auflage 2024

Printed in Germany

Inhalt

1. Einleitung

In den Bereichen von Wahrheit und Lüge spielt sich unser Leben, unser Dasein ab. Diese Bereiche sind so gross, dass sie in einem kleinen Büchlein niemals hinreichend beschrieben werden können. Es geht darum, wie viel davon in einem Menschenleben erfahren werden kann. Wir haben das grosse Vorrecht zu wissen, dass im biblischen Menschensohn Jesus und im gottlosen Engelsfürsten Satan, der Teufel, Wahrheit und Lüge im höchsten Sinne personifiziert, begründet und offenbart sind. Wenn wir diese beiden personalen Mächte kennen, kennen wir den Kern die Mitte dieser Bereiche.

Alles muss einmal sterben und vergehen. Das Gewissen sagt dem Menschen, dass mit dem Tod des Leibes sein Dasein nicht erlischt, dass er nach dem Tod in anderer Gestalt weiter existiert. Das ist die wichtigste Frage eines jeden Menschen: Was kommt nach dem Tod? Der Mensch sucht eine Antwort, eine richtige, kompetente, wahre Antwort. Die richtige Antwort ist mehr wert als Gold, aber wer hat sie?

Kein Mensch kann die richtige Antwort geben, denn er kennt nur das Diesseits, auch dann nicht, wenn das Diesseits das Sonnensystem, alle Galaxien, das Universum und alle Wissenschaften umfassen würde. Die kompetente Antwort kann nur der geben, der sich dort auskennt, wo kein Mensch hinkommt, lesen wir, was Kolosser 1,15 20 sagt: Das ganze Evangelium zusammengefasst: „Christus ist das Ebenbild seines Vaters; in ihm wird uns der unsichtbare Gott sichtbar. Vor Beginn der Schöpfung war er schon da, durch ihn ist alles erschaffen worden, was im Himmel und auf

Erden ist, das Sichtbare und Unsichtbare, alle Königreiche und Mächte, alle Herrscher und Gewalten. Alles ist durch ihn und auf ihn hin geschaffen. Denn Christus war vor allen Dingen; und durch ihn allein besteht alles. Er ist das Haupt der Gemeinde, die sein Leib ist. Durch ihn hat alles seinen Anfang genommen. Weil er in allen Dingen der Erde ist, war er auch der Erste, der von den Toten zu neuem Leben auferstand. Denn Gott wollte in seinem Sohn wohnen mit allem, was er ist und hat. Alles, was im Himmel und auf Erden ist, sollte durch Christus mit Gott wieder versöhnt werden und Frieden mit ihm finden. Das geschah, als er am Kreuz sein Blut vergoss.

Viele Menschen meinen, sie könnten einen eigenen Weg ins Jenseits finden, aber niemals einen Weg zu einem glücklichen Leben nach dem Tod. Was hat ein Mensch davon, wenn er weiss, dass mit dem Tod nicht alles vorbei ist, aber keine Ahnung hat, wie er dort leben soll. In 5. Mose 18, 10 ff.: Gebietet Gott: Niemand von euch darf seinen Sohn oder seine Tochter als Opfer verbrennen, niemand soll wahrsagen, zaubern, Geister beschwören oder Magie treiben. Niemand soll durch Beschwörungen Unheil abwenden, Totengeister befragen, die Zukunft vorhersagen oder mit Verstorbenen Kontakt aufnehmen.

Etwas, das es nicht gibt, muss man nicht verbieten. Es gibt Menschen, die gegen Gottes Gebot mit Verstorbenen verkehren. Eine besondere Begebenheit steht in 1. Samuel 27: König Saul bzw. sein Heer wurde vom Heer des Nachbarvolkes, den Philistern, bedroht. Die Israeliten befragten damals im Kriegsfall immer ihren Gott durch einen Propheten, wie sie sich verhalten sollten. Diesmal erhielt Saul keine Weisung von Gott über den bevorstehenden Krieg, nicht durch einen Propheten, nicht durch Träume. In seiner Verzweiflung suchte er Rat beim Propheten Samuel, der ihn einst zum König Israels eingesetzt hatte. Samuel war gestorben, aber er wusste eine Möglichkeit, wie er seinen Rat einholen konnte. Eine Totenbeschwörerin sollte ihm helfen. Früher hatte er alle Geisterbeschwörer aus seinem Königreich verbannt, nun suchte er selbst verbotenerweise Rat bei einer Totenbeschwörerin.

In der Nacht traf er mit zwei Begleitern bei der Totenbeschwörerin in En-Dor ein. Saul kam in gewöhnlicher Kleidung und mit verhülltem Gesicht und erklärte seinen Wunsch: „Ich möchte, dass du mir durch den Geist eines Verstorbenen die Zukunft vorhersagst. Ich möchte mit einem ganz bestimmten Menschen reden. Bitte beschwöre seinen Geist, damit er aus dem Totenreich heraufkommt."

Die Totenbeschwörerin lehnte das Anliegen von Saul mit der Begründung ab, dass König Saul ein solches Tun streng verboten habe. Die Frau wusste nicht, wer bei ihr war, und vermutete, dass der Unbekannte ihr eine Falle stellen wollte, um sie zu töten. Daraufhin legte der Unbekannte einen Eid ab: „Ich schwöre dir beim Herrn, dass du nicht bestraft wirst." Da fragte die Frau Saul, mit wem er sprechen wolle. „Rufe Samuel herauf", wünschte Saul.

Da kam Samuel tatsächlich aus dem Totenreich herauf, und die Frau erkannte ihn und rief laut zu dem Unbekannten: „Warum hast du mich betrogen? Du bist doch Saul!" Saul beruhigte die Frau: „Hab keine Angst" und fragte sie, wie der Tote aussehe. Die Frau antwortete: „Es ist ein alter Mann in einem Prophetenmantel." Da wusste Saul, dass es nur Samuel sein konnte, und warf sich vor ihm zu Boden. Samuel sprach zu Saul: „Warum störst du meine Ruhe und lässt mich heraufkommen?“

Saul rechtfertigte sich und sagte: "Ich habe dich rufen lassen, damit du mir hilfst und mir sagst, was ich tun soll."

Samuel antwortete: "Du hast mich zu Unrecht gestört, denn ich habe dir gesagt, dass dein Königreich wegen deines Ungehorsams von dir genommen und David gegeben wird." Weiter sagte Samuel etwas Schreckliches: "Gott wird ganz Israel den Philistern ausliefern, und du und deine Söhne werden schon morgen mit mir im Totenreich sein."

Bei dieser unerwartete Auskunft brach Saul zusammen und verweigerte die von der Frau angebotene Stärkung. Auf Zureden der Frau und der Begleiter liess er sich dann doch zu einem von der Frau schnell zubereiteten Essen einladen. Das Unheil kam, wie Samuel vorausgesagt hatte.

Wir wenden uns wieder Jesus zu und betrachten aus nächster Nähe, wer er wirklich ist.

Petrus sagte: "Ich will aber dafür Sorge tragen, dass ihr euch auch nach meinem Tod daran erinnert, dass wir nicht klugen Legenden gefolgt sind, als wir euch die Macht und das Wiederkommen Jesu bezeugten, sondern dass wir Augenzeugen seiner Majestät waren, denn er empfing von Gott, dem Vater, Ehre und Herrlichkeit, als eine Stimme von der hocherhabenen Herrlichkeit zu ihm sprach: "Dies ist mein geliebter Sohn, an dem ich Wohlgefallen habe!" Diese Stimme hörten wir mit ihm auf dem heiligen Berg.

Die Bibel bezeugt, dass Jesu kein gewöhnlicher Mensch ist, sondern durch den Geist Gottes in der Jungfrau Maria gezeugt wurde. Damit schuf Gott eine göttliche Verbindung zwischen Himmel und Erde. Obschon Jesus Taten vollbrachte, die kein Mensch vollbringen kann, forderten die jüdischen Machthaber von ihm ein Wunderzeichen, das ihn als Gesandten Gottes ausweisen sollte. Jesus verweigerte den ungläubigen Juden das geforderte Wunderzeichen, verwies aber gleichzeitig auf das höchste Zeichen seiner göttlichen Identität, seinen Sühnetod am Kreuz. Wie der Prophet Jona den Tod im Bauch eines Riesenfisches erlebte, so werde er drei Tage im Totenreich sein. Matthäus 12,38 ff.

Von Wahrheit und Lüge zu schreiben ist nicht ungefährlich, wenn die Wahrheit nicht wahr ist. Matthäus 12,36: Ich sage euch aber, dass die Menschen müssen Rechenschaft geben am Jüngsten Gericht von einem jeglichen unnützen Wort, das sie geredet haben. Aus deinen Worten wirst du gerechtfertigt werden, und aus deinen Worten wirst du verdammt werden. Der Hebräerbrief klagt über Christen, die keine Fortschritte gemacht haben Kap. 5,12, und Jakobus warnt vor dem Lehramt Jak. 3,1.:

"Liebe Brüder, begehret nicht, Lehrer zu sein, denn diese werden strenger gerichtet werden." Was Gott von seinem Volk erwartet, steht schon in 3. Mose 19,2.: "Ihr sollt heilig sein, denn ich bin heilig, der Herr, euer Gott." Ähnlich spricht Jesus in Matthäus 5,48.: "Darum sollt ihr vollkommen sein, gleich wie euer Vater im Himmel vollkommen ist." In Hebr. 5,14 heißt es dazu: "Den Vollkommenen aber gehört die starke Speise, die durch Gewohnheit geübte Sinne haben, Gutes und Böses zu unterscheiden." Die Vollkommenheit, von der geschrieben steht, gibt es heute nicht.

Im berühmten Psalm 103 schreibt David in Vers 14: "Gott weiss, was für ein Gemächte wir sind. Er denkt daran, dass wir Staub sind." Und Johannes schreibt in 1. Johannes 3,2: "Wir sind schon Gottes Kinder, und es ist noch nicht erschienen, was wir sein werden. Wir wissen aber, wenn es offenbar wird, dass wir ihm gleich sein werden; denn wir werden ihn sehen wie er ist." Hier kommt uns eine grosse Wahrheit entgegen: Die Erfahrung. Nichts kann sie ersetzen, und das gilt nicht nur für das christliche Leben.

Ich wurde in eine Abteilung mit anspruchsvollen Aufgaben versetzt. Die wenigen Angestellten dort belehrten mich, dass es zwei ganze Jahre dauern würde, bis ich hier selbständig arbeiten könnte. Ich habe es nicht geglaubt, aber sie hatten recht. Wie wichtig Erfahrung ist, habe ich bei den Zahnärzten erlebt. Der alte, erfahrene Zahnarzt hat die Arbeit des unerfahrenen entfernt. Die Arbeit des Erfahrenen hält bis heute.

Aber für unser ewiges Dasein ist vieles nebensächlich, ob es wahr ist oder nicht. Ob die Erde rund wie ein Ball oder oval wie ein Ei ist, spielt für die Ewigkeit keine Rolle. Das Wichtigste ist, ob Gott tatsächlich ist und unser ewiges Dasein von ihm bestimmt wird. Wenn wir schon wissen, dass unser Dasein von Gott abhängt, dann ist das das Wichtigste, was wir von ihm wissen können. Nur wenige Menschen haben eine Beziehung zu Gott, wie Gott sie sich wünscht. Auf sie müssen wir hören.

Der wahrhaft göttlichste Mensch ist Jesus, der Sohn Gottes, aber von ihm und mit ihm gibt es Menschen, auf die wir schauen müssen. Zu den bedeutendsten Menschen im Alten Testament zählen Noah, Abraham, Mose, David, Hiob und die Propheten. Im Neuen Testament sind es die Jünger Jesus und der Apostel Paulus.

Nehmen wir Moses als Beispiel. Das Volk Israel hat Gott wie kein anderes Volk erfahren. Es erlebte die zehn Plagen Gottes in Ägypten, von denen die letzte Plage die grösste war: die Tötung aller erstgeborenen männlichen Ägypter und der erstgeborenen Haustiere. Unmöglich, dass Menschen das in einer einzigen Nacht hätten bewerkstelligen können. Die Menschen hätten alle Einwohner- und Geburtenregister durchsuchen müssen. Was bei den Menschen noch registriert war, fehlte bei den Tausenden von Tieren: Kamele, Pferde, Esel, Rinder, Ziegen und Schafe.

Gott ist Gott. Vor ihm können wir nur in Ehrfurcht stehen. Das Volk Israel hat nicht nur die zehn Plagen erlebt, sondern auch die den Weg durch die Dürre der Wüste. Trotzdem forderte dieses Volk von Aaron, dem älteren Bruder von Mose, ihnen einen Götzen zu machen, der sie führen sollte. Moses war zu dem Zeitpunkt mit seinem jüngeren Diener Joschua auf den Berg Sinai gestiegen und 40 Tage und Nächte auf dem Berg geblieben. Das war dem Volk zu lange, obgleich Moses ihnen Aaron und Hur als seine Stellvertreter gegeben hatte. Moses war so wütend auf seinen Bruder und das Volk, dass er die göttlichen Steintafeln mit den eingravierten Geboten zerschmetterte und die goldene Götzenfigur, die Aaron hatte anfertigen lassen, zu Staub zerrieb. Den Goldstaub streute er in Wasser und gab es dem Volk zu trinken. Auf das rauschende Götzenfest folgte die Katastrophe. Gott wollte das ganze Volk vernichten und mit Mose ein neues Volk aufbauen.

Moses bat Gott um Vergebung für sein Volk und rettete es vor dem Untergang. Dann rief er dem Volk im Lager zu: Wer Gott vertraut, soll sich bei ihm versammeln. Zuerst kamen die Angehörigen des Stammes Levi zu ihm. Darauf folgte etwas, was nur Gott erklären kann: Die bei Moses versammelten Leviten wurden aufgefordert, ihre Brüder, die am Götzenfest teilgenommen hatten und nun nicht zu Moses gekommen waren, zusammen mit ihren Freunden und Verwandten zu töten. Sie töteten 3000 von ihnen: 2. Mose 32,28.

Es gibt im Alten Testament Ereignisse, die so grausam sind, dass ich Theologen nicht verurteile, die meinen, der Gott des Alten Testaments sei nicht identisch mit dem des Neuen Testaments. Für Gott gibt es keine Grenze zwischen Leben und Tod. Die Menschen, die er töten lässt, um andere zum Heil zu führen, werden im Totenreich seine Gerechtigkeit erleben. Wir sagen schnell: Gott weiss, warum, aber wenn es uns persönlich betrifft, kommen Zweifel auf. Wir wissen bei keinem Neugeborenen, was aus ihm wird, ob er ein Segens- oder Unglücksmensch. Gott aber weiss es. Es gibt Menschen, die werden eins mit Gott, und es gibt Menschen, die werden eins mit dem Teufel. So wie Jesus von Zachäus sagen konnte, Lukas 19,9: "Heute ist diesem Hause Heil widerfahren", und vom unnützen Knecht in Matthäus 25,30: "Werft ihn hinaus in die Finsternis, da wird sein Heulen und Zähneklappern."

Jesus hat sehr hohe Ansprüche an seine Jünger gestellt, die niemand erfüllen kann. Nüchtern betrachtet müsste man sagen: Finger weg von einer solchen Aufgabe. Am bekanntesten ist die Berufung des Propheten Jesaja in Kap. 6,5: "Da sprach ich: Weh mir, ich vergehe! Denn ich bin ein Mann von unreinen Lippen und wohne unter einem Volk, das auch unreine Lippen hat. Denn meine Augen haben den König, den Herrn der Heerscharen, gesehen!" Weiter erfahren wir dort, was es braucht, um Gott dienen zu können: "Deine Schuld ist weg und deine Missetat ist gesühnt." Ohne Vergebung der Sünden soll niemand das Wort Gottes in den Mund nehmen. Die höchste Eigenschaft Gottes hat uns Jesus im Vaterunser gelehrt, Matthäus 6,9: "Deshalb sollt ihr so beten: Unser Vater, der du bist im Himmel, geheiligt werde dein Name!". Und in 3. Mose 11,44: "Denn ich, der Herr, bin euer Gott. Darum sollt ihr euch heiligen und heilig sein, denn ich bin heilig, und ihr sollt eure Seelen nicht verunreinigen." In Offenbarung 4,8 sieht Johannes vier hohe Gestalten, Repräsentanten der unendlichen Herrschaft Gottes, mit je sechs Flügel bekleidet, die Tag und Nacht ununterbrochen rufen: "Heilig, heilig, heilig ist der Herr, Gott, der Allmächtige, der war und der ist und der kommt." Die Bibel nennt noch andere wichtige Eigenschaften Gottes: Liebe, Barmherzigkeit, Langmut, Güte, Gnade und Friede, aber im Wort "heilig" im vollendeten Sinn kann nur Gott sein, wobei ich auch an die wenig beachtete Eigenschaft "Eifersucht" denke. 4. Mose 25.11 ff und 5. Mose 32.15 f

Da aber Jeschurun (Israel) fett geworden war, ward es übermütig. Es ist fett und dick und stark geworden und hat den Gott fahren lassen, der ihn gemacht hat. Es hat den Fels seines Heils gering geachtet und hat ihn zum Eifer gereizt durch fremde Götter; durch Gräuel hat es ihn erzürnt. Sie haben dem Teufel geopfert und nicht ihrem Gott, den Göttern, die sie nicht kannten, den neuen, die zuvor nicht gewesen sind, die eure Väter nicht geehrt haben. Weiter Vers 39: Seht ihr nun, dass ich's allein bin und ist kein Gott neben mir? Ich kann töten und lebendig machen, ich kann schlagen und heilen; und ist niemand, der aus meiner Hand rettet.

Einmal, während der Wanderung Israels durch die Wüste, wurden Aaron, der ältere Bruder von Moses, und Miriam, seine Schwester, eifersüchtig auf ihren Bruder. Sie machten Moses Vorwürfe wegen seiner Ehefrau und der Art, wie er das Volk führte. Da nahm Gott Moses in Schutz und wies die Neider zurecht. Gott sprach, er rede mit seinen Boten, den Propheten, durch Träume und Visionen, aber nur mit Moses wie mit einem Freund. 4. Mose 12. Diese Zurechtweisung von Aaron und Miriam ist höchst aufschlussreich. Nun ist bekannt, wie Moses so viele Weisungen Gottes für das Volk Israel aufschreiben konnte. Nicht nur die 10 Gebote, sondern auch unzählige Anweisungen für das grosse Zelt, die Stiftshütte, die Gottesdienste, die Feste und sogar für Kleidung und Nahrung. Zur Strafe wurde Miriam eine Woche lang aussätzig. Diese Geschichte lehrt uns, die Bibel wirklich als Gottes Wort anzunehmen.

Kurz vor seinem Tod forderte Moses sein Volk auf, die Gebote Gottes als wahre Gottesgebote zu befolgen. In 5. Mose 33 betont Moses, dass Gott die 10 Gebote auf dem Berg Sinai in Gegenwart von Tausenden von Heiligen gegeben hat.

Matthäus 5,17: "Ihr sollt nicht meinen, dass ich gekommen bin, um das Gesetz oder die Propheten aufzulösen. Ich bin nicht gekommen, um aufzulösen, sondern um zu erfüllen. Denn wahrlich, ich sage euch: Bis Himmel und Erde vergehen, wird nicht vergehen ein Jota noch ein Strichlein vom Gesetz, bis alles geschehen ist." Würde die Bibel hier enden, müsste allen Menschen Angst vor der Ewigkeit werden. Gottlob hat Jesus die Gesetze Gottes für uns erfüllt. Es ist unendlich tröstlich, was mehrfach in der Bibel steht, so in 1.Kor. 1,30: "Von ihm kommt auch ihr her in Christus

Jesus, welcher uns von Gott gemacht ist zur Weisheit und zur Gerechtigkeit und zur Heiligung und zur Erlösung, auf dass, wie geschrieben steht: "Wer sich rühmt, der rühme sich des Herrn."

Ein besonderes Ereignis der Unergründlichkeit Gottes erlebte König Hiskia von Israel. Der assyrische König Sanherib eroberte eine Stadt nach der anderen in seinem Königreich. Nun versuchte er mit Geld die Eroberung der Stadt Jerusalem zu verhindern. Sanherib verlangte eine riesige Summe Geld, nach 2. Könige 18,14 waren es 300 Talente Silber und 30 Talente Gold, Milliarden von Franken, aber trotzdem marschierte die assyrische Armee gegen Jerusalem. Es waren dramatische Ereignisse von grosser Bedeutung für das Volk Gottes, sonst wäre nicht alles so genau überliefert worden. Assyrische Beamte verhandelten vor den hohen Stadtmauern Jerusalems über die Kapitulation Jerusalems. Sanherib versuchte, Jerusalem kampflos einzunehmen, und versprach den Bewohnern der Stadt, sie in ein fruchtbares Land umzusiedeln. Die hohen Beamten Hiskias forderten die assyrischen Gesandten auf, mit ihnen aramäisch zu sprechen, das jüdische Volk sollte diese Verhandlungen über Leben und Tod nicht hören. Das jüdische Verteidigungsheer verstand, wie das ganze Volk, nur Hebräisch. Aber die assyrischen Delegierten taten das Gegenteil. Sie forderten lautstark die Kapitulation und riefen, niemand solle auf Hiskia hören, niemand könne Sanherib Widerstand leisten, nicht einmal der Gott Hiskias. Da verstieg sich der assyrische Beamte zu einer verhängnisvollen Lüge. Er behauptete, der Gott Israels habe Sanherib den Befehl gegeben, Jerusalem zu erobern. Die Abgesandten Sanheribs übergaben den jüdischen Beamten sogar eine schriftliche Urkunde für König Hiskia. Genau dieses Schreiben legte Hiskia zusammen mit hohen Beamten im Tempel im Gebet vor Gott nieder. Zur gleichen Zeit beauftragte Gott den Propheten Jesaja, Hiskia zu verkünden, dass er sich vor Sanherib nicht zu fürchten brauche. In dieser Nacht schlug der Engel des Herrn 185.000 assyrische Soldaten. Nach dem gewaltigen Verlust so vieler Krieger zog sich Sanherib nach Ninive zurück, wo er kurz darauf von seinen beiden Söhnen ermordet wurde. 2. Könige 19,37.

Unser Thema ist die Wahrheit und die Lüge. Wenn heute hohe Beamte wegen gewinnbringender, krimineller Lügen vor Gericht stehen, heisst es beschönigend: wegen Falschaussage. Etwas falsch gemacht zu haben, bedeutet noch nicht, dass dahinter eine bewusste Lüge steht.

Jesus hat ein anderes Bild von der Lüge. Sie hat ihren Ursprung im Teufel. Johannes 8,44: "Ihr seid aus dem Vater, dem Teufel, und eures Vaters Begierden wollt ihr erfüllen. Dieser ist ein Menschenmörder von Anfang an und steht nicht in der Wahrheit, weil keine Wahrheit in ihm ist. Wenn er die Lüge redet, so redet er aus sich selbst, denn er ist ein Lügner und der Vater derselben."

Ich habe einen Menschen kennen gelernt, der Ereignisse so überzeugend erzählte, dass man spürte, was er sagte, kam aus seinem tiefsten Inneren. Aber die Begebenheiten, von denen er erzählte, waren Lügen. Ich hatte den Eindruck, dieser Mensch ist eins mit der Lüge, die Lüge ist buchstäblich seine Eigenschaft. Eine solche Erkenntnis kann man nicht erklären, man muss sie erleben. Man spürt, dass die Überzeugungen dieser Menschen echt sind, dass sie von Innen kommen, aber man erkennt nicht sofort, dass es Lügen sind.

Jesus sagt zu seinen Gegnern, Johannes 8,47: "Wer aus Gott ist, der hört die Worte Gottes. Darum hört ihr nicht, weil ihr nicht aus Gott seid". Vers 51: "Wahrlich, wahrlich, ich sage euch: Wenn jemand mein Wort bewahren wird, so wird er den Tod nicht sehen in Ewigkeit." Wer die Auseinandersetzungen, die Johannes von Jesus und seinen Gegnern berichtet, genauer betrachtet, erkennt, dass es hier dramatisch um Leben und Tod in Gegenwart und Ewigkeit geht. Vers 59: "Da hoben sie Steine auf, um auf ihn zu werfen. Jesus aber verbarg sich und ging aus dem Tempel hinaus." Matthäus 24,2. Der Tempel in Jerusalem, von dem Jesus spricht, war eines der schönsten Bauwerke zur Zeit Jesu. Von ihm prophezeit Johannes, dass kein Stein auf dem anderen bleiben werde. Matthäus 24,2. So wahr, diese Prophezeiung erfüllt worden ist, so wahr ist auch die Verheissung des ewigen Lebens. Das aber ist das ewige Leben: dich, den allein wahren Gott, zu erkennen und Jesus Christus, den du gesandt hast. Johannes 17,3 und 6: "Ich habe deinen Namen den Menschen offenbart, die du mir aus der Welt gegeben hast. Dein waren sie, und mir hast du sie gegeben, und sie haben dein Wort bewahrt."

Es gibt schreckliche Beispiele dafür, wie Gott Menschen bestraft hat, die sich gegen ihn aufgelehnt oder auf andere Weise gegen ihn verstossen haben. Ich denke an die Giftschlangen, die Gott zur Strafe für ihr Murren gegen ihn und Mose unter das Volk sandte, 4. Mose 21, und an den Aufstand der Leviten in 4. Mose 16. Damals verschlang die Erde die Zelte der Aufständischen mit allem, was sich darin befand. 250 Levitenführer verbrannten im Feuer Gottes und später 14700 Unzufriedene. Bemerkenswert ist der Befehl Gottes, die 250 eisernen Räucherpfannen der verbrannten Leviten einzusammeln. Mit dem Blech dieser Pfannen sollte der grosse Altar der Stiftshütte verkleidet werden. So wurde das Volk ständig an den Aufstand der Leviten erinnert. Wenn man aber die wunderbaren Aufzeichnungen der Propheten und die Psalmen näher betrachtet und das Wirken Jesu verfolgt, überwiegt das Schöne in der Bibel das Dunkle tausendfach.

Am Ende meines Lebens gehen meine Gedanken zu Gott. Was erwartet er von den Menschen? Was erwartet er von mir? Matthäus 22,36: Welches ist das grösste Gebot im Gesetz? "Du sollst den Herrn, deinen Gott, lieben mit deinem ganzen Herzen und mit deiner ganzen Seele und mit deinem ganzen Verstand." Das ist das erste und grösste Gebot. Das zweite aber ist ihm gleich: "Du sollst deinen Nächsten lieben wie dich selbst." Jesus hat dieses Gebot bekräftigt: Matthäus 19,17: "Willst du aber zum Leben eingehen, so halte die Gebote." Johannes 14,15: "Liebet ihr mich, so haltet meine Gebote." 16,26: "An dem Tage (der Auferstehung) werdet ihr in meinem Namen bitten. Und ich sage euch nicht, dass ich den Vater für euch bitten werde; denn er, der Vater, hat euch lieb, damit ihr mich liebet und glaubet, dass ich von Gott ausgegangen bin." Jesus stellt uns Gott als liebenden Vater vor, aber nicht bedingungslos, nicht allgemein, sondern unter der Bedingung, dass wir seinen Sohn anerkennen und lieben. Auch im Gleichnis vom verlorenen Sohn stellt uns Jesus Gott als versöhnenden und liebenden Vater vor. Wir denken auch an die Begegnung des Nikodemus mit Jesus in Johannes 3,16: "Also hat Gott die Welt geliebt, dass er seinen eingeborenen Sohn gab, auf dass alle, die an ihn glauben, nicht verloren werden, sondern das ewige Leben haben."

Schon im Alten Testament finden wir Beispiele für die Liebe Gottes zu denen, die ihm vertrauen. Der Hebräerbrief zählt in Kapitel 11 eine Reihe wichtiger Glaubenserfahrungen auf, von Noah bis zu den Propheten. Ich möchte nur ein oder zwei Ereignisse hinzufügen: Jos 10,12: Da redete Joschua mit dem Herrn des Tages, da der Herr die Amoriter vor den Kindern Israel dahingab, und sprach vor dem gegenwärtigen Israel: "Die Sonne stehe still zu Gibeon, und der Mond im Tal Ajalon. Da standen Sonne und Mond still, bis das Volk Rache nahm an seinen Feinden. Steht das nicht geschrieben im Buch des Frommen? Also stand die Sonne mitten am Himmel und ging fast einen ganzen Tag lang nicht unter. Und es war kein Tag diesem gleich, weder zuvor noch darnach, da der Herr der Stimme eines Mannes gehorchte; denn der Herr stritt für Israel." Es ist einfach unfassbar, was hier geschah, auch für den Chronisten.

Um zu verhindern, dass sich die eroberten Völker nach Jahren wieder gegen die Eroberer wandten, wurden sie umgesiedelt. Nur unbedeutende Leute ohne politische Ambitionen wurden von der Umsiedlung verschont. So geschah es im Nordreich Israel mit der Hauptstadt Samaria und später im Südreich mit der Hauptstadt Jerusalem. Im Südreich mit den Stämmen Juda und Benjamin war die Umsiedlung nicht so radikal wie im Nordreich. Aus dem Nordreich ist nicht bekannt, dass eine so grosse Zahl von Vertriebenen wieder zurückgekehrt wäre. Nach 70 Jahren Verbannung kehrte ein grosser Teil der Vertriebenen wieder in die alte Heimat Jerusalem und Umgebung zurück. Interessantes wird aus Samaria berichtet. Die Menschen, die die Assyrer, die Eroberer, in Samaria angesiedelt hatten, wurden von Löwen angegriffen. In 2. Könige 17,25 steht: Da sie aber anhoben daselbst zu wohnen und den Herrn nicht fürchteten, sandte der Herr Löwen unter sie, die erwürgten sie. Gott wollte, dass die neuen Bewohner merkten, dass sie in dem Land leben, das er seinem auserwählten Volk gegeben hatte. Die Menschen erkannten, dass diese tödliche Plage mit dem Gott Israels zu tun hatte. Die angesiedelten Menschen beschwerten sich beim Assyrerkönig, und dieser verfügte, dass ein verbannter Priester zurückkehren und das Volk lehren solle, den Gott Israels anzubeten und zu verehren. Die angesiedelten Menschen brachten die Götzen ihrer alten Heimat in das ihnen zugewiesene Land, sie beteten ihre Götzen an und meinten, sie könnten gleichzeitig den wahren Gott Israels anbeten. Die Juden verachteten die Samariter zu Recht wegen ihres Götzendienstes, aber Gott verachtete die Samariter nicht, sondern brachte auch ihnen das Evangelium.

Als Jesus einmal auf der Durchreise war, verbrachte er zwei Tage bei ihnen und setzte ihnen im Gleichnis vom barmherzigen Samariter ein schönes Denkmal.

Bei dem grossen Auftrag an die Jünger, das Evangelium der ganzen Welt zu verkünden, nennt Jesus Samaria namentlich.

2. Sabbat

2. Mose 35,1 ff. Und Mose versammelte die ganze Gemeinde Israel und sprach zu ihnen: Das ist's, was euch der Herr geboten hat, dass ihr es tun sollt. Sechs Tage sollt ihr arbeiten, aber den siebten Tag sollt ihr heilig halten als einen Sabbat der Ruhe des Herrn. Wer an dem Tag arbeitet, soll sterben.

Dieses Todesurteil wurde tatsächlich angewendet. Ein Mann sammelte am Sabbat Holz und wurde gesteinigt. Siehe 4. Mose 15,36. Die Juden hatten einen ganzen Katalog von Sabbatvorschriften, im Allgemeinen ist nicht nur die Arbeit verboten, sondern auch das Reisen. Erlaubt war ein Sabbatweg von knapp 1000 Metern. Jesus heilte mehrmals am Sabbat kranke und behinderte Menschen, einmal sogar einen Blindgeborenen. Einen Blindgeborenen sehend zu machen, war ein so grosses Wunder, dass viele Augenzeugen der Meinung waren, das könne nur Gott tun. Aber die Gegner von Jesus sagten, diese Tat könne nicht von Gott sein, denn Jesus habe am Sabbat geheilt. Da die Wunder nicht geleugnet werden konnten, behaupteten seine Gegner, Jesus habe die übernatürlichen Fähigkeiten vom Teufel. Siehe Matthäus 9,34 und Johannes 9,7.

Wir können die Bibel nur durch die Brille des Heiligen Geistes verstehen. Jesus sagt in Johannes 4,24: "Gott ist Geist, und die ihn anbeten, die müssen ihn im Geist und in der Wahrheit anbeten."

Unsere heutigen Astronomen sagen uns, dass es Galaxien im Universum gibt, deren Licht tausende von Lichtjahren braucht, bis es bei uns gesehen werden könne. Das sind so unvorstellbar weite Entfernungen, die nur ein Geist erfassen kann, der keine

Grenzen kennt. Gott ist grenzenlos gross. Ein wenig von seiner Grösse sagt Gott dem Hiob 38,17 ff: Haben sich dir des Todes Tore je aufgetan, oder hast du gesehen die Tore der Finsternis? Hast du erkannt, wie breit die Erde ist? Sage es, wenn du das alles weisst! Welches ist der Weg dahin, wo das Licht wohnt, und welches ist die Stätte der Finsternis, dass du sie zu ihrem Gebiet bringen könntest und kennen die Pfade zu ihrem Hause?

Es geht immer noch um die Wahrheit der Schöpfung und des Lebens. Es wäre unheimlich, wenn es dem Menschen gelingen würde, Leben zu erzeugen. Wem wünscht er Leben zu geben? Einem Roboter? Einem Toten? Einer Maschine? Einem Fahrzeug? Einem Computer? Wäre das, was lebt, steuerbar? Jesus sagt in seiner prophetischen Rede vom Ende unserer Zeit, dass falsche Propheten kommen werden, die grosse Wunder tun werden, um die Menschen in die Irre zu führen. Matthäus 24,24. Johannes schreibt von einer Skulptur, die Menschen machen, welche sprechen kann, nicht wie die heutigen elektronischen Geräte, sondern mit eigenen Gedanken wie ein Mensch. Offenbarung 13,14.

In diesen Tagen im September 2023 sah und hörte ich in einer Sendung des segensreichen Senders Bibel TV einen Vortrag eines sympathischen Theologiestudenten. Er sagte mit grosser Überzeugung: Wenn ich im Priesteramt bin, ist es mein grosses Ziel, meinen Zuhörern die Gottesmutter Maria gross zu machen. Armer Student, dachte ich, mache deinen Zuhörern Jesus gross. Ohne Jesus kann auch Maria nichts für die Menschen tun, die auf dem Weg ins Verderben sind.

Zurück zur Schöpfung. Die Wahrheit ist, dass Gott alles, was wir sehen können, einschliesslich des Ruhetages, in sieben Tagen, in sieben Zeitabschnitten, geschaffen hat. Die Zahl 7 ist die Zahl der Vollkommenheit.

Die ganze Offenbarung beruht auf der Zahl 7. Sieben Sendschreiben von Jesus an sieben neue christliche Gemeinden. Sieben Siegel, sieben Posaunen, sieben Engel. Offenbarung Kap. 2-12. Alles, was wir irgendwie sehen oder feststellen können, ist in einer vollkommenen Zeit entstanden, die wir nicht berechnen können. Diese Zeit bleibt das Geheimnis Gottes. Aber es ist eine von Gott bestimmte Zeit. Sie ist nicht ewig, sondern endet in einer von Gott bestimmten Zeit der Ruhe. Wir wissen nicht, wann Gott diese Ruhe beendet. Wir wissen nur, dass Gott nach dieser Ruhe eine ewige Schöpfung machen wird. Offenbarung 21,1 und 5: Und ich sah einen neuen Himmel und eine neue Erde; denn der erste Himmel und die erste Erde sind vergangen, und das Meer ist nicht mehr. Und der auf dem Thron sass sprach: Siehe, ich mache alles neu. Und er sprach zu mir: Schreibe, denn diese Worte sind wahrhaftig und gewiss. Und er sprach zu mir: Es ist geschehen. Ich bin das A und das O, der Anfang und das Ende.

Was hier in wenigen Worten gesagt wird, ist für uns unfassbar. In den Geschichten Israels fällt auf, dass Gott immer wieder an die Befreiung Israels aus Ägypten erinnert. Zum Beispiel Amos 9,7: "Habe ich nicht Israel aus Ägypten geführt?" In keinem Land hat sich Gott den Menschen so unmittelbar als Gott gezeigt wie in Ägypten zur Zeit der 10 Plagen. Wer kann ein Land drei Tage lang in eine derartige Finsternis hüllen, dass man nichts sieht? 2. Mose 10,21ff. Wer kann wissen unter Millionen von Tieren, Schafen, Ziegen, Eseln, Pferden, Kamelen und Menschen, welches das älteste ist? Alle Erstgeborenen dieser Geschöpfe starben um Mitternacht. 2. Mose 12,29. Und um Mitternacht schlug der Herr alle Erstgeburt in Ägyptenland, vom ersten Sohn Pharaos an, der auf seinem Thron sass; bis auf den ersten Sohn des Gefangenen im Gefängnis und alle Erstgeburt des Viehs.

Diese unvergleichlichen Ereignisse offenbaren in ihrer Gesamtheit auch die Macht und die Grenzen Satans. Die Götzenpriester Ägyptens konnten tatsächlich Wunder vollbringen, aber nur innerhalb der von Gott gesetzten Grenzen. Sie waren machtlos gegen Unwetter und Tod, gegen Pest und Stechmücken. Aber Gott liess Wunder zu, die für uns unbegreiflich sind. Nachdem sich der Stab des Moses vor dem Pharao in eine Schlange verwandelt hatte, befahl er seinen Priestern, das Gleiche zu tun. Die Stäbe der Götzenpriester verwandelten sich in Schlangen, und alle wurden von der Schlange Aarons verschlungen. Es gelang den ägyptischen Beschwörern sogar, Wasser in Blut zu verwandeln, Vers 22. Nach Kap. 8,7 gelang es den Götzenpriestern sogar, Frösche herbeizurufen. Insgesamt aber war der Auftritt der Ägypter gegen Moses und Aaron für Pharao eine bittere Enttäuschung. Er musste erkennen, dass seine gelehrtesten Leute gegen den Gott der Israeliten machtlos waren. Von der Pest waren sie ebenso betroffen wie das ungebildete Volk. Kap. 9,11. Der Versuch des Teufels, Gott zu übertrumpfen, endet für ihn kläglich. Aber seine übermenschlichen Fähigkeiten reichen aus, um viele Menschen in die Irre zu führen.

Jesus warnt vor falschen Gutmenschen. Matthäus 24,24: "Es werden falsche Christusse und falsche Propheten aufstehen und grosse Zeichen und Wunder tun, sodass sie, wenn es möglich wäre, auch die Auserwählten verführten." Übernatürliche Ereignisse sind an sich noch kein Beweis dafür, dass sie von Gott kommen; auch der Teufel kann Wunder tun. Offenbarung 13,15: "Und es wurde ihm gegeben, dem Bild des Tieres einen Geist zu verleihen, sodass das Bild des Tieres sogar redete und bewirkte, dass alle getötet wurden, die das Bild des Tieres nicht anbeteten." Hier werden grosse Entwicklungen und Ereignisse vorausgesagt.

Heute geben Forscher riesige Geldsummen aus, um das Geheimnis des Lebens zu lösen. Der Mensch, der Gott ignoriert oder ablehnt, hofft, mit den neuen technischen Möglichkeiten, Leben hervorbringen zu können. Der gottlose, teufelsgläubige Mensch wird Wunder vollbringen können. Ein Bild, ein von Menschen gemachtes Werk, vielleicht ein Roboter, wird tatsächlich sprechen können, das Bild hat ein Eigenleben. Die Machthaber der Welt, die Eigentümer des lebenden Roboters, erheben den Anspruch, allein berechtigt zu sein, die Menschen zu regieren. Wer anders denkt, hat keine Berechtigung, auf der Erde zu leben. Wer aber auch in dieser Zeit am wahren Gott festhält, für den gilt Offenbarung 2,10: Sei getreu bis an den Tod, so will ich dir die Krone des Lebens geben. Von der letzten Zeit steht da: Siehe, das ist die Geduld der Heiligen; siehe, das sind, die da halten die Gebote Gottes und den Glauben an Jesus. Offenbarung 14,12 f. Selig sind die Toten, die in dem Herrn sterben von nun an. Ja, der Geist spricht, dass sie ruhen von ihrer Arbeit, denn ihre Werke folgen ihnen nach.

Gegen Ende der gegenwärtigen Weltordnung wird eine religiöse Weltmacht über die ganze Menschheit herrschen. Was für eine Macht das sein wird, sagt die Bibel nicht. Nur so viel: Es wird keine Demokratie sein, sondern eine Diktatur. Israel in der Eigenschaft als Gottes auserwähltes Volk war keine Demokratie, sondern sollte eine Theokratie sein. Ein Volk, das von Gott oder von Gott bevollmächtigten Herrschern wie Moses, Richtern und später Königen regiert wird. Die letzten Weltherrscher werden den Anspruch erheben, göttliche Herrscher zu sein.

Der Teufel bot einst Jesus die Weltherrschaft gegen seine Anerkennung durch Jesus an. Matthäus 4,8 f. Anstelle Jesu wird Satan einen Menschen finden, den er als Weltherrscher durch Wunder als göttlichen Herrscher legitimieren wird. Wir können heute erahnen, wie der letzte Weltherrscher regieren wird. Wir brauchen nur nach Afghanistan, Iran und Somalia zu schauen, wo nur der Islam als einzige Religion anerkannt ist.

Wenn wir uns für die Entwicklung des Volkes Israel interessieren, begegnen uns immer wieder neue Ereignisse, die alles Erklärbare übersteigen. 40 Jahre lebte das Volk in der Wüste und Halbwüste von Lager zu Lager, bis es endlich im verheissenen Land eine Heimat gefunden hatte. Joschua 21,43-45: Also gab der Herr Israel alles Land, das er geschworen hatte ihren Vätern zu geben, und sie nahmen es ein und wohnten darin. Und der Herr gab ihnen Ruhe von allen umher, wie er ihren Vätern geschworen hatte; und keiner von allen ihren Feinden hielt von ihnen stand; alle ihre Feinde gab er in ihre Hand. Und es fehlte nichts an allem Guten, das der Herr dem Hause Israel verheissen hatte. Alles traf ein.

Wir wissen, dass Israel nicht im eroberten Land bleiben konnte. Das Volk kam in die Verbannung, zuerst das Nordreich mit der Hauptstadt Samaria und gut 300 Jahre später das Südreich mit der Hauptstadt Jerusalem. Bis heute beruft sich Israel auf die Verheissung Gottes, auf ihr von ihm versprochenes Land. Immer wenn Israel ein gutes Verhältnis zu Gott hatte, war es unbesiegbar. Israel kann auf grosse Wundertaten Gottes zurückblicken, aber auch auf schreckliche Sünden. Jeremia 32,33 f.: Gott spricht: Sie haben mir den Rücken und nicht das Angesicht zugekehrt; als ich sie früh und fleissig unterwies, haben sie nicht hören und keine Züchtigung annehmen wollen, sondern sie haben ihre abscheulichen Götzen in das Haus, das nach meinem Namen benannt ist, gesetzt und es dadurch beschmutzt. Sie haben dem Götzen Baal Höhen gebaut im Tal Ben-Hinnom, um ihre Söhne und Töchter dem Moloch zu opfern, was ich ihnen nicht geboten habe und was mir nie in den Sinn gekommen ist, dass sie solche Gräueltaten verüben sollten, um Juda zur Sünde zu verführen.

Weil die Bewohner der eroberten Gebiete ihre eigenen Kinder den Götzen opferten, wurden sie von den Israeliten vertrieben, und nun taten die Israeliten dasselbe. Wie konnten die Israeliten nur so handeln? Wie schnell vergisst der Mensch die Wunder Gottes. Während der 40-jährigen Wüstenwanderung musste niemand verdursten oder verhungern. Jeden Morgen konnten sie essbare Körner einsammeln, die sie so, wie sie waren, roh essen, aber auch auf mancherlei Weise kochen und backen konnten. Nach kurzer Zeit war den Israeliten diese Nahrung verleidet, und sie forderten von Moses Fleisch. Es waren noch keine drei Monate seit dem Auszug aus Ägypten vergangen, da klagte Moses zu Gott, es habe zu wenig, und das Volk wolle ihn steinigen, weil es fürchtete, in der Wüste umkommen zu müssen. 2. Mose 16,6: Und Moses und Aaron sprachen zu allen Kindern Israels: Am Abend sollt ihr innewerden, dass euch der Herr aus Ägyptenland geführt hat, und des Morgens werdet ihr des Herrn Herrlichkeit sehen; denn er hat euer Murren wider den Herrn gehört. Was sind wir, dass ihr wider uns murrt? Und Moses sprach weiter: Der Herr wird euch des Abends Fleisch zu essen geben und des Morgens Brot in Fülle, denn der Herr hat euer Murren gehört, dass ihr wider ihn murrtet, denn was sind wir? Euer Murren ist nicht gegen uns, sondern gegen den Herrn. Vers 13: Und am Abend kamen die Wachteln und bedeckten das Heer, und am Morgen war alles voll Tau. Und als der Tau sich verzogen hatte, siehe, da lag es in der Wüste, rund und klein wie der Reif auf dem Lande. Mose befahl dem Volk, jeden Morgen zweieinhalb Liter pro Person zu sammeln, was darüber hinausging, werde ungeniessbar.

Dann passierte etwas Merkwürdiges: Was sie am 6. Tag sammelten, verdoppelte sich, damit es auch für den 7. Tag reichte. Am 7. Tag, dem Sabbat, war nichts mehr da. Was an einem gewöhnlichen Tag zu viel war, war am folgenden Tag ungeniessbar, aber was am 6. Tag für den 7. Tag gesammelt wurde, verdarb nicht. Das zweite Wunder erlebten sie mit dem Wasser. Drei Tage wanderten sie ohne Wasser. 2. Mose 17,2 f.: Und sie zankten mit Mose und sprachen: Gib uns Wasser zu trinken. Mose sprach zu ihnen: Was zankt ihr mit mir? Was versucht ihr den Herrn? Vers 4: Mose schrie zum Herrn und sprach: Was soll ich mit dem Volk tun? Es fehlt nicht viel, und sie werden mich steinigen. Der Herr sprach zu ihm: Gehe vor das Volk und nimm einige Amtsträger mit dir und nimm den Stab, mit dem du das Meer geschlagen hast, und gehe vor einen Felsen. Dort schlage mit dem Stab auf den Felsen, dann wird Wasser fliessen. Und Gott stand auf dem Felsen am Berge Horeb.

Im Zusammenhang mit diesen Wundern vom Wasser und Fleisch berichtet die Bibel, dass Moses es für unmöglich hielt, Fleisch für

600.000 kriegstaugliche Männer und ihre Familien zu beschaffen (2. Mose 11,21-31). Es kamen riesige Schwärme von Wachteln, deren Fleisch in der Sonne getrocknet werden konnte und wochenlang ausreichte. Israel erlebte weitere Wunder.

Nach 40 Jahren in der Wüste waren die Kleider und Schuhe nicht verschlissen (5. Mose 2,4). Das Folgende kann wirklich nur Gott tun. 4. Mose 31,48: Nach einer siegreichen Schlacht mit 10.000 Soldaten gegen die Midianiter: Die Heerführer, die über 100 oder 1000 Soldaten den Befehl hatten, kamen zu Moses und berichteten ihm: Herr, wir haben unsere Leute durchgezählt und festgestellt, dass nicht ein einziger Mann fehlt.

3. Von Jesus, dem ersten Exponenten

Wenden wir uns wieder dem Repräsentanten der Wahrheit zu und betrachten wir Jesus unter den vier Gs: Geburt, Gebet, Grab, Gloria.

1. Geburt

Wenn schon die Geburt eines Menschenkindes immer noch von vielen Geheimnissen umgeben ist, so ist die Geburt von Jesus noch von grösseren Geheimnissen umgeben. Auf diese Geburt haben viele gewartet und grosse Erwartungen in sie gesetzt.

Rund 700 Jahre vor seiner Geburt heisst es von ihm Jes. 9,5 f.: Denn uns ist ein Kind geboren, ein Sohn ist uns gegeben, und die Herrschaft ist auf seiner Schulter; und er heisst Wunder-Rat, Gott-Held, Ewig-Vater, Friede-Fürst; auf dass seine Herrschaft gross werde und des Friedens kein Ende auf dem Thron Davids und in seinem Königreich, dass er's stärke und stütze durch Recht und Gerechtigkeit von nun an bis in Ewigkeit. Solches wird tun der Eifer des HERRN Zebaoth.

Die Geburt Jesu war nicht nur für die Menschen von Bedeutung, sondern auch für den Himmel. Einerseits scheint es verständlich zu sein, dass die Juden Jesus als den angekündigten Messias ablehnten, da Jesus ihre hohen Erwartungen nicht erfüllte. Andererseits haben sie vom Messias nur das gelesen, was ihnen passte, aber nie die ganze Schrift. Niemand anderer als gerade der Prophet Jesaja hat das Leben des Messias auf Erden so genau vorausgesagt. Noch hat sich nicht alles erfüllt, was von Jesus vorausgesagt wurde. Die grossen Verheissungen werden sich erst bei seinem zweiten Kommen erfüllen.

Das Lukas-Evangelium erzählt viel von der Geburt Jesu. Bei keinem anderen Ereignis in der Bibel steht geschrieben, dass so viele himmlische Zeugen zugegen waren, der Engel des Herrn mit seiner grossen Heerschar. Von keinem anderen Engel wissen wir, dass er über eine so riesige Engelsschar geherrscht hat. Er ist neben den Engelfürsten Michael und Gabriel der mächtigste Engel Gottes, der sich auch zwischen das fliehende Volk Israel und das Heer des Pharao stellte, wodurch die Verfolgten durch das Rote Meer flüchten konnten. Es ist derselbe Engel des Herrn, der Abraham und Hagar begegnete. Siehe 1. Mose 16 und 22, 2. Mose 3. Der Engel des Herrn hat so viel Macht, dass manche Theologen meinen, es sei Jesus gewesen, der den Führern Israels im Alten Bund in der Gestalt eines Engels begegnete, aber es war der Engel des Herrn.

In der jüdischen Tradition werden mehrere Engel mit Namen genannt. Die Bibel nennt nur Raphael, Gabriel und Michael. Ob der Engel des Herrn mit diesen Engeln identisch ist, wird erst in der Ewigkeit geklärt werden. Sicher ist, dass auch Engel Gottes am Erlösungswerk Gottes für uns Menschen beteiligt sind, wofür ihnen die Erlösten noch danken werden.

Im Buch Tobias erscheint ein Engel namens Raphael als Engel des Herrn. In Kap. 3,25 und später in Kap. 12,15 gibt sich der Engel Raphael als einer der sieben Engel zu erkennen, die vor Gott stehen. Die Juden haben in ihrer Tradition folgende Namen für die 7 Engel: Michael, Gabriel, Raphael, Uriel, Raguel, Sariel und Remiel. Die altägyptische, koptische Kirche kennt ebenfalls 7

Erzengel, aber neben den drei erstgenannten noch weitere Namen. Woher diese Namen stammen, wissen wir nicht. Wie bei den Juden die Rabbiner viele Empfehlungen aussprachen, so taten dies auch die frühen Kirchenlehrer. Für die verschiedenen Gefahren und Krankheiten des Lebens waren Engel zuständig, die angerufen werden konnten.

Wie einfach lehrt uns Jesus, für alles zu beten. Als Johannes einen Engel anbeten wollte, lehnte der Engel ab und sagte, er sei nicht höher als Johannes: Bete nicht mich an, sondern Gott. Offenbarung 19,10. Was für eine Aussage, dass sich ein hoher Engel auf eine Stude mit den auserwählten Menschen stellt.

Die Geburt Jesu hatte nicht nur für die Menschen, sondern auch für die Engel eine grosse Bedeutung. Wir sind wie die Engel Geschöpfe Gottes. Die Engel hatten ihren Sündenfall längst hinter sich. Nun sind sie Zeugen des Sündenfalls der Menschen und Zeugen der einzig möglichen Rettung für die Heimkehr der aus dem Himmel ausgeschlossenen Menschen. Welche grossen Erwartungen und Hoffnungen waren doch mit dieser Geburt verbunden. Millionen von unsichtbaren Augen waren auf Jesus gerichtet. Auch die von Gott abgefallenen Engel mit ihrem Fürsten Satan waren Zeugen der Geburt Jesu. Sie konnten die Geburt nicht verhindern, aber sie wollten das Kind töten.

2. Gebet

Das Leben von Jesus auf Erden lässt sich mit einem Wort beschreiben: Gebet. Zweifellos haben viele, die von seiner bevorstehenden Geburt wussten, für eine glückliche Geburt und ein glückliches Kindlein gebetet. Das ganze Leben Jesu auf Erden war Gebet, Hingabe und Gehorsam gegenüber seinem himmlischen Vater. Ein Mann, der Jesus folgte, erzählte mir von seiner im Glauben verstorbenen Mutter, dass ihr ganzes Leben ein Gebet gewesen sei. Sie sei immer in Verbindung mit Jesus gewesen, in Küche und Haus, auf dem Feld und im Garten. Wie viel mehr gilt das für Jesus, der auch ganze Nächte im Gebet verbrachte. Lukas 6,12: Es geschah aber in jenen Tagen, dass er hinausging auf einen Berg, um zu beten, und er verharrte die ganze Nacht hindurch im Gebet zu Gott. Matthäus 8,20: Und Jesus sprach zu ihm: Die Füchse haben Gruben, und die Vögel unter dem Himmel haben Nester, aber des Menschen Sohn hat nichts, wohin er sein Haupt legen kann. Zu einem anderen, der ihm nachfolgen wollte, sagte er: Vers 22: Folge mir nach und lass die Toten ihre Toten begraben. In dem Befehl "Lass die Toten ihre Toten begraben" sehen wir, wie Jesus Macht über die Menschen hatte, aber durch Gebet tun konnte, was er tat. Johannes 8,28-29: Wenn ihr den Menschensohn erhöhen werdet (am Kreuz), dann werdet ihr erkennen, dass ich es bin und nichts von mir aus tue, sondern, wie mich der Vater gelehrt hat, so rede ich. Und der mich gesandt hat, ist mit mir. Er lässt mich nicht allein; denn ich tue allezeit, was ihm gefällt.

Die Sonderstellung Jesus ist in diesen Worten sichtbar: die Gegenwart Gottes und der Gehorsam Jesu. Es war vieles Jesus in die Wiege gelegt aber nicht alles. Weil Jesus Gott gehorsam war, konnte er zum Retter der Menschen werden.

Im Philipperbrief nimmt Paulus ein Glaubensbekenntnis der ersten Christen auf, welches das irdische Leben von Jesus zusammenfasst: Phil 2; 5-8. Das ganze Bekenntnis gibt Aufschluss über die Gesinnung von Jesus, die sich am Willen Gottes orientiert. Das Entscheidende für das ewige Leben ist das Gebot, in diesem Sinne zu leben. Das können wir nur durch Gottes Gnade und Kraft erfassen.

3. Grab

Geburt und Grab Jesu sind für uns unergründlich. Auf den ersten Blick scheinen beide Ereignisse verständlich zu sein: Ohne Geburt kein Tod, mit Geburt ist der Tod vorprogrammiert. Doch wir haben es mit Gott zu tun. Mit der Geburt Jesu ist Gott zu uns gekommen, mit dem Tod Jesu hat Gott die Welt für einen Augenblick verlassen. Jesus wurde tatsächlich in ein Grab gelegt. Beides, Geburt und Grab, sind bezeugte Geschehnisse, egal was die Menschen darüber denken. Gott hat nicht nur Macht über die Erde, den Mond, die Sonne und das ganze Universum, er hat auch die Macht über den Tod. Gott hat den Menschen die Macht gegeben zu töten, aber nicht die Macht über den Tod. Wer kann dem Tod die Toten entreissen? Niemand ausser Gott und dem, dem Gott die Macht über den Tod gegeben hat, und das ist Jesus.

Es geht um gewaltige Zusammenhänge: Die Sünde hat den Tod geboren. Ohne die Sünde gäbe es keinen Tod. Jesus hat alle Sünde auf sich genommen und mit der Sünde den Tod. Jesus wurde ins Grab gelegt und mit ihm die Sünde und der Tod. Mit der Auferstehung Jesu sind die Sünde und der Tod besiegt. Aber die Auferstehung gilt nicht allgemein, sondern nur für die, deren Sünden Jesus mit ins Grab genommen hat. Wer seine Sünden Jesus übergibt, dessen Sünden sind im Grab. Sie sind im Tod. Der Mensch, der sich an Jesus klammert, der klammert sich ans Leben. Er gehört dem auferstandenen Jesus. Es gibt keinen anderen Weg, dem Grab, der Sünde und dem Tod zu entkommen als Jesus. Niemand ausser Jesus ist für die Menschen gestorben, niemand ausser Jesus hat den Tod überwunden. Jesus hat die schwersten Sünden auf sich genommen, sogar die ungeheure Sünde, einen unschuldigen Menschen am Kreuz zu Tode zu martern.

1. Johannes 1,9: So wir aber unsere Sünden bekennen. So ist er treu und gerecht, dass er uns die Sünden vergibt und reinigt uns von aller Untugend. 1. Tim; 2,4.

4. Gloria

Gloria, also Ruhm, Ehre, Herrlichkeit, erinnert uns an die grosse Doxologie: Gloria in excelsus deo = Ehre sei Gott in der Höhe und die zweite Doxologie "Ehre sei dem Vater und dem Sohn und dem Heiligen Geist."

Vor genau 500 Jahren schrieb der Kirchenkantor und Reformator Nikolaus Decius das unvergessliche Lied "Allein Gott in der Höh" für die Liturgie im Gottesdienst. Am bekanntesten aber ist die Doxologie am Ende des "Vater unser" bei Matthäus 6,13 "Denn dein ist das Reich und die Kraft und die Herrlichkeit in Ewigkeit, Amen." Diese Ehrbezeugung hat ihren Weg in die Bibel schon durch König David gefunden, der kurz vor seinem Tod diesen Lobpreis Gottes hinterlassen hat: 1. Chronik; 29,10 f. "Und David lobte den Herrn vor der ganzen Gemeinde und sprach: Gelobt seist du Herr, Gott unsres Vaters Israel, von Ewigkeit zu Ewigkeit! Dein, o Herr, ist die Majestät, die Gewalt, die Herrlichkeit, der Glanz und Ruhm! Denn alles, was im Himmel und auf Erden ist, das ist dein. Dein, Herr, ist das Reich und du bist als Haupt über alles erhaben. Reichtum und Ehre sind vor deinem Angesicht. Du herrschest über alles, in deiner Hand stehen Macht und Kraft, in deiner Hand steht es, jedermann gross und stark zu machen. Und nun, unser Gott, wir danken dir und rühmen den Namen deiner Herrlichkeit."

Ich hätte dieses Testament Davids nicht zitiert, wenn Jesus nicht so eng mit David verbunden wäre. Petrus in seiner Pfingstrede. Apg. 2,25. Denn David sagt von ihm: Ich sah den Herrn allezeit vor mir, denn er ist zu meiner Rechten, damit ich nicht wanke. Offb. 22,16: Ich, Jesus, habe meinen Engel gesandt, um euch diese Dinge für die Gemeinden zu bezeugen. Ich bin die Wurzel und der Spross Davids, der leuchtende Morgenstern.

Wir müssen gar nicht weit nach dem Kern der Gloria suchen, die Ursache hat Paulus den Philippern geschrieben, vermutlich eine Doxologie der ersten Christen in Jerusalem, Phil. 2,5-11: Seid so unter euch gesinnt, wie es der Gemeinschaft in Christus Jesus entspricht: Er, der in göttlicher Gestalt war, hielt es nicht für einen Raub, Gott gleich zu sein, sondern entäusserte sich selbst und nahm

Knechtsgestalt an, ward den Menschen gleich und der Erscheinung nach als Mensch erkannt. Er erniedrigte sich selbst und ward gehorsam bis zum Tode, ja zum Tode am Kreuz. Darum hat ihn auch Gott erhöht und hat ihm den Namen gegeben, der über alle Namen ist, dass in dem Namen Jesu sich beugen sollen aller derer Knie, die im Himmel und auf Erden und unter der Erde sind, und alle Zungen bekennen sollen, dass Jesus Christus der Herr ist, zur Ehre Gottes, des Vaters. Einen grösseren Ruhm, eine grössere Gloria, gibt es nicht.

Zum vierten G, Gloria, muss gesagt werden, dass wir es bei Jesus mit der höchsten Macht zu tun haben, die es überhaupt gibt. Ohne ihn gäbe es überhaupt nichts, was wir Menschen erleben könnten. Er ist das Wort, das alles geschehen liess, was geschehen ist. Johannes 1,1f. Im Anfang war das Wort, und das Wort war bei Gott, und Gott war das Wort. Dasselbe war im Anfang bei Gott, und ohne dasselbe ist nichts gemacht, was gemacht ist. Und in ihm war das Leben, und das Leben war das Licht der Menschen. Wir sehen, dass Johannes noch weiter als Moses in die Entstehung alles Vorhandenen zurückgeht. Moses beginnt 1. Mose 1,1: Im Anfang schuf Gott Himmel und Erde; aber vor Himmel und Erde war Jesus, das Wort, das Himmel und Erde gemacht hat. Was für ein gewaltiges Wort. Jesus sagte zu Pilatus, Johannes 19,11: Du hättest keine Macht über mich, wenn sie dir nicht von oben gegeben wäre. Johannes 5,26. Denn wie der Vater hat das Leben in ihm selber, also hat er dem Sohn gegeben das Leben zu haben in ihm selber und hat ihm Macht gegeben, auch das Gericht zu halten; denn er ist des Menschen Sohn. Hier sehen wir die Macht von Jesus. Pilatus hatte so viel Macht, wie der Kaiser dem

Amt eine Prokurators gab. Jesus aber hat die Vollmacht Gottes. Interessant ist die Begründung von Jesus: "Weil er der Menschensohn ist". Weil Jesus bereit war, Menschensohn zu werden, bekam er die Gottgleichheit. Für Millionen von Menschen wird das in der Ewigkeit eine der grössten Überraschungen sein, wenn sie vor Jesus als ihrem Richter stehen müssen. Dann werden wirklich unzählige Menschen erkennen: Es gibt nur einen Menschen, der eine Existenz schenken kann, die den Namen Leben verdient. Welch bittere Erkenntnis: Wir haben der Lüge geglaubt und nicht der Wahrheit Glauben geschenkt. Jesus ist wirklich die Wahrheit und das Leben. Es gibt kein Wesen, das so verschieden sein kann als der Mensch. Im Menschensohn ist er göttlich, im Satanssohn ist er teuflisch. Er kann Kind Gottes oder Kind des Teufels sein, in der Wahrheit oder in der Lüge zu Hause sein.

4. Beispiele von Menschen, die lieben

Jesus sagt von seinen Jüngern in Johannes 17,8: Denn die Worte, die du mir gegeben hast, habe ich ihnen gegeben, und sie haben sie angenommen und erkannten wahrhaftig, dass ich von dir ausgegangen bin, und glauben, dass du mich gesandt hast. Später sagt Jesus in Vers 25: Gerechter Vater, die Welt kennt dich nicht. Ich aber kenne dich und weiss, dass du mich gesandt hast. Und ich habe ihnen deinen Namen kundgetan und will ihn kundtun, damit die Liebe, dass du mich liebst, in ihnen sei und ich in ihnen.

Das ist eine tiefgreifende Aussage: Eine Eigenschaft Gottes wird seinen Jüngern gegeben, die Liebe Gottes. Zu lieben wie Gott liebt? Unmöglich aus uns selbst, denn Gottes Geist ist Liebe. Römer 5,5: Denn die Liebe Gottes ist ausgegossen in unsere Herzen durch den Heiligen Geist. Wenn wir in der Bibel nach solchen Menschen Ausschau halten, denke ich an Maria Magdalena. Von ihr berichtet die Bibel, dass Jesus sieben Geister aus ihr austrieb (Lukas 8,2). Maria war die erste Person, die dem auferstandenen Jesus begegnete. Johannes 20,1 und Mar. 16,9. Als Jesus aber auferstanden war, früh am ersten Tag der Woche, erschien er zuerst Maria Magdalena, von der er 7 Dämonen ausgetrieben hatte. In Johannes 20,15 spricht Jesus zu der weinenden Maria: Frau, was weinst du? Wen suchst du? Maria muss eine sehr schmerzhafte Krankheit gehabt haben. Das beweist die Zahl 7. Die Bibel weiss um Dämonen, die von Menschen Besitz ergreifen und sie plagen. Bei Maria kann mit den 7 Teufeln, die von ihr ausfahren, einfach gemeint sein, dass sie von ihrer Krankheit schrecklich geplagt wurde. Maria muss sich wie im Himmel gefühlt haben, als Jesus sie von diesen Plagen heilte.

Es gibt Bibelausleger, die meinen, Maria könne identisch sein mit der Ehebrecherin (Johannes 8,2) oder der Sünderin, die Lukas in Kap. 7,37 beschreibt. Wieder andere verwechseln sie mit Maria, der Schwester von Martha und Lazarus. Am schlimmsten ist es, wenn Maria Magdalena in Filmen als Geliebte oder gar Gemahlin von Jesus dargestellt wird. Ich denke, solche Vermutungen oder Unterstellungen, die Jesus angedichtet werden, kommen einer Sünde gegen den Heiligen Geist nahe. Maria durfte etwas von dem Reich Gottes erfahren, das Jesus verkündet hat, ein Reich, in dem Sünde und Krankheit keinen Platz mehr haben. Bei Jesus fand sie Heilung an Leib und Seele.

Die Bibel nennt eine ganze Gruppe von Frauen, die Jesus und seinen Jüngern mit ihrer Zeit und ihren Gaben dienten. Darunter wird neben Maria Magdalena auch eine Johanna genannt, die Frau des Dieners des Königs Herodes, genannt Chusas. Diese Johanna war eine reiche Frau, die gleichzeitig genannte Susanna wohl auch.

Wenn Gott Menschen von seinem Geist gibt, dann heisst das, dass diese Menschen mehr haben als die Ungläubigen: Johannes 17,3. Das aber ist das ewige Leben, dass sie dich, der du allein wahrer Gott bist, und den du gesandt hast, Jesus Christus, erkennen. Ohne diese Erkenntnis, die nur der Geist Gottes schenken kann, gibt es keinen Frieden mit Gott. Deshalb gibt es auch keine Versöhnung der Sünde gegen den Heiligen Geist, denn ohne ihn ist die Erkenntnis unmöglich.

In Psalm 15,1 f. sagt David: "Herr, wer darf weilen in deinem Zelt, wer darf wohnen auf deinem heiligen Berge? Der wandelt ohne Makel und tut das Rechte, der Wahrheit sinnt im Herz. Gut 1000 Jahre später schrieb der Lieblingsjünger Johannes in seinem ersten Brief, Kap. 3,18 dasselbe: Kinder, wir wollen nicht mit Wort und Zunge lieben, sondern in Tat und Wahrheit. Immer wieder steht die Wahrheit im Mittelpunkt.

Hiob wusste sich in seinem furchtbaren Leid nicht mehr zurechtzufinden. Einst war er ein hochgeachteter Fürst, den das ganze Volk zu Recht verehrte, weil sein Reichtum den Ärmsten zugutekam. Er half, wo Hilfe nötig war, und nun wurde er selbst von denen verachtet, denen er geholfen hatte. Wie half ihm Gott aus seinem Elend? Er zeigte Hiob den Unterschied zwischen Mensch und Gott. Hiob 38: Und der Herr antwortete Hiob aus dem Wetter und sprach: Wer ist der, der den Ratschluss verdunkelt mit Worten ohne Verstand? Hiob hatte drei Freunde: Eliphas von Theman, Bildad von Suah und Zophar von Naema. Unerwartet kam ein neuer Freund hinzu, der Hiob und seine drei Freunde scharf tadelte. Kap. 34,34f.: Verständige Leute werden zu mir sagen und ein weiser Mann, der mir zuhört: Hiob redet mit Unverstand, und seine Worte sind nicht weise. Was sagt Gott dazu? Kap. 38,4: Wo warst du, als ich die Erde gründete? Sage an, bist du so klug? Weisst du, wer ihr das Mass gesetzt hat oder wer über ihr eine Richtschnur gezogen hat? Worauf sind ihre Füsse gegründet, oder wer hat ihr einen Eckstein gelegt, da mich die Morgensterne lobten und alle Söhne Gottes jubelten?

Wie ist dann Hiob aus seinem Elend herausgekommen? Er sagt in Kap. 42,1f.: Und Hiob antwortete dem Herrn und sprach: Ich erkenne, dass du alles vermagst, und nichts, das du dir vorgenommen, ist dir zu schwer. Wer ist der, der den Ratschluss verhüllt mit Unverstand? Darum bekenne ich, dass ich unweise geredet habe, was mir zu hoch ist und was ich nicht verstehe. So höre nun, lass mich reden; ich will dich fragen, lehre mich! Ich hatte von dir mit den Ohren gehört, aber nun hat mein Auge dich gesehen. Darum spreche ich mich schuldig und tue Busse in Staub und Asche.

Wir können Gott nicht mit irdischen Augen sehen, Hiob meint es so: Für ihn war die wirkliche, wahre Gotteserkenntnis so überwältigend, dass er es so ausdrückte. Es gibt Theologen, die im Buch Hiob nur eine Allegorie sehen. Dem widerspricht schon Hesekiel in 14,13: "Du Menschenkind, wenn ein Land an mir sündigt und dazu mich verschmäht, so will ich meine Hand über dasselbe ausstrecken und den Vorrat an Brot wegnehmen und will Teuerung hineinschicken, dass ich Menschen und Vieh darin ausrotte." Und wenn gleich die drei Männer Noah, Daniel und Hiob darin wären, so würden sie allein ihre eigene Seele durch ihre Gerechtigkeit erretten, spricht der Herr, der Herr. Das ist ein ganz grosses Zeugnis Gottes für Hiob, dass er von Gott auf eine Stufe mit Noah und Daniel gestellt wird. Gott offenbarte Hiob, wie wir vorhin gelesen haben, dass die Morgensterne mit den Söhnen Gottes über die Erschaffung der Erde jubelten. Kap. 38,7. Morgensterne und Söhne Gottes sind Bezeichnungen für die Engel. Wir werden in der Ewigkeit mit Engeln zusammenleben. Jesus hatte sich immer wieder auf seinen Vater, auf Gott, berufen. Da bat ihn einmal sein Jünger Philippus: Herr, zeige uns den Vater, dann genügt es uns. Darauf antwortete Jesus: "So lange bin ich bei euch, und du kennst mich nicht, Philippus? Wer mich sieht, der sieht den Vater. Warum sprichst du also, zeige uns den Vater?" Gleichzeitig erklärte Jesus, wie das zu verstehen sei: Glaubst du nicht, dass ich im Vater bin und der Vater in mir ist? Die Worte, die ich zu euch rede, die rede ich nicht von mir selbst. Der Vater aber, der in mir wohnt, der tut die Werke. Glaubet mir, dass ich im Vater bin und der Vater in mir; wo nicht, so glaubet mir doch um der Werke willen. Johannes 12,44. Jesus aber rief und sprach: Wer an mich glaubt, der glaubt nicht an mich, sondern an den, der mich gesandt hat. Und wer mich sieht, der sieht den, der mich gesandt hat.

5. Gedanken zur Dreieinigkeit – Trinitatis

Eine junge Frau wurde gefragt, warum sie zum Islam übergetreten sei. Ihre Antwort: "Der Islam ist einfacher, klarer als das Christentum, es gibt nur einen Gott. Diese Religion ist einfacher zu verstehen." Tatsächlich gibt es muslimische Gotteshäuser, auf denen gross geschrieben steht: Unser Gott hat keinen Sohn. Ist dieses Bekenntnis Grund genug, sich vom Christentum abzuwenden? Es geht um die Wahrheit. Ist Mohamed der richtige, der wahre Gott? Es geht bei der Gottesfrage nicht um richtig oder falsch, es geht um das Höchste und Wichtigste im Leben der Menschen: die Ewigkeit nach dem Tod. Wer ist der Herr der Ewigkeit? Wer gibt dem Menschen einen Platz in der Ewigkeit? Die Frage nach dem wahren Gott kann nur beantworten, wer die Reiche der Ewigkeit kennt. Vom Gründer des Christentums wissen wir, dass er aus der Ewigkeit zu uns gekommen ist, und wer das nicht glaubt, weiss, dass Christus vor über 2000 Jahren am Kreuz zu Tode gemartert und begraben wurde und auferstanden ist. Von Mohammed wusste man vor 2000 Jahren noch nichts, und auch nicht, dass er von den Toten auferstanden ist. Es ist unbestritten, dass das Leben des Gründers des Islam nicht mit dem Leben des Gründers des Christentums, Jesus Christus, verglichen werden kann. Die Biographien liegen nicht nur zeitlich, sondern auch inhaltlich zu weit auseinander.

Nun zur Auffassung, die Lehre des Christentums sei weniger klar als die des Islam. Es stimmt, dass wir Christen an einen dreieinigen Gott glauben, an Gott den Vater, Gott den Sohn und Gott den Heiligen Geist. Wer noch in der Volksschule christlichen Unterricht erlebt hat, dem ist das apostolische Glaubensbekenntnis vom Jahre 381 in Konstantinopel sicher noch in Erinnerung. Es ist abgeleitet von der im Konzil von Nizäa im Jahr 325 erstellten Fassung. Es gibt viele Zitate in der Bibel, die diese drei Grössen bezeugen. Hier zitiere ich nur den Taufbefehl aus Matthäus 28,19: "Tauft sie auf den Namen des Vaters und des Sohnes und des Heiligen Geistes" und den neutestamentarischen Segen, zitiert in 2. Korinther 13,13: "Die Gnade unseres Herrn Jesus Christus und die Liebe Gottes und die Gemeinschaft des Heiligen Geistes sei mit euch allen." Das Wort Gottes bezeugt eindeutig, dass unsere Rettung vor einer furchtbaren Ewigkeit das Werk des dreieinigen Gottes ist. Zu welcher der drei genannten Mächte sollen wir beten? Nach meiner Ansicht in erster Linie, wie Jesus seine Jünger lehrte: zu unserem Vater im Himmel. Natürlich können wir auch zu Jesus beten, denn er ist eins mit dem Vater. Johannes 5,21-25: Denn wie der Vater die Toten auferweckt und sie lebendig macht, so macht auch der Sohn lebendig, welche er will. Denn der Vater richtet niemanden, sondern alles Gericht hat er dem Sohn gegeben, auf dass sie alle den Sohn ehren, wie sie den Vater ehren. Wer den Sohn nicht ehrt, der ehrt den Vater nicht, der ihn gesandt hat. Wahrlich, wahrlich, ich sage euch: Wer mein Wort hört und glaubt dem, der mich gesandt hat, der hat das ewige Leben und kommt nicht ins Gericht, sondern er ist vom Tode zum Leben hindurchgedrungen.

Das sind gewaltige Aussagen. Sie bezeugen das Zusammenwirken von Vater und Sohn zu unserem Heil. Welche Bedeutung hat der Heilige Geist für die Menschen? Warum gibt es keine Anweisungen für seine Anbetung? Wer in Wahrheit zum Vater und zum

Sohn betet, der betet, ohne sich dessen bewusst zu sein, in dem Heiligen Geist, denn ohne ihn können wir Gott gar nicht in Wahrheit anbeten. Johannes 15,26f.: Wenn aber der Tröster kommen wird, welchen ich euch senden werde vom Vater, der Geist der Wahrheit, der vom Vater ausgeht, der wird zeugen von mir. Johannes 4,24: Gott ist Geist, und die ihn anbeten, die müssen ihn im Geist und in der Wahrheit anbeten. Paulus sagt zu den Korinthern im 1. Brief, Kap. 2,14, etwas Schockierendes: Der natürliche Mensch aber vernimmt nichts vom Geist Gottes, sondern es ist ihm eine Torheit, und er kann es nicht erkennen; denn es muss geistlich geurteilt werden. An die Römer schreibt er in Kap. 8,26: Ebenso nimmt auch der Geist sich unserer Schwachheit an; denn wir wissen nicht, was wir bitten sollen, wie es sich gebührt, aber der Geist verwendet sich selbst für uns in unaussprechlichem Seufzen. Der aber die Herzen erforscht, weiss, was der Sinn des Geistes ist, denn er verwendet sich für die Heiligkeit Gottes. Dann fährt er fort mit Worten, die unzähligen Menschen zum Segen geworden sind: Wir wissen aber, dass denen, die Gott lieben, alle Dinge zum Besten dienen, denen, die nach seinem Ratschluss berufen sind. Jesus sagt etwas ganz Unerwartetes über den Geist Gottes. Matthäus 12,31: Darum sage ich euch: Alle Sünde und Lästerung wird den Menschen vergeben werden, aber die Lästerung des Geistes wird den Menschen nicht vergeben; und wer etwas redet wider des Menschen Sohn, dem wird es vergeben; wer aber etwas redet wider den Heiligen Geist, dem wird's nicht vergeben werden, weder in dieser noch in jener Welt.

Wir sind immer noch bei Jesus, dem Exponenten der Wahrheit. Wie kann Jesus, der Zweite der Dreifaltigkeit, ein so hartes Urteil über die Gotteslästerer aussprechen? Lesen wir doch im selben Kapitel Vers 20: Das zerstossene Rohr wird er nicht zerbrechen, und den glimmenden Docht wird er nicht auslöschen, bis er Urteil vollstreckt hat zum Sieg, und die Heiden werden auf seinen Namen hoffen. Wenn Jesus wie der Teufel zwei Gesichter hat, kann er dann auch unbarmherzig sein? Der Mensch gleicht einer brennenden Kerze. Das Leben der Kerze ist die Flamme, löscht man die Flamme der Kerze, gibt sie kein Licht und keine Wärme mehr, sie ist tot. Die Lästerung des Heiligen Geistes löscht die Flamme vollständig aus. Andere Sünden können die Flamme fast auslöschen, aber es bleibt bei der glimmenden Kerze noch die Hoffnung, dass die Flamme nicht ganz erlischt. Jesus kann den glimmenden Docht wieder zur Flamme werden lassen, wenn der Mensch ihn wahrhaftig, aufrichtig sucht. Ist der glimmende Docht erloschen, ist die Flamme tot. Mit der Behauptung, Jesus würde die Macht des Teufels verwenden, erlosch die Flamme, denn Jesus vollbrachte seine Wunder mit der Kraft des Heiligen Geistes. Diesen Geist als Teufelsmacht zu bezeichnen, bedeutet, den Heiligen Geist abzulehnen. Damit verwirft der Mensch die Möglichkeit der Umkehr, also die Möglichkeit der Vergebung. Die Sünde, die nicht vergeben werden kann, ist einfach zu erklären: Nur mit Hilfe des Heiligen Geistes kann der Mensch zu Gott umkehren. Wenn er den Heiligen Geist so sehr beleidigt hat, dass er sich von diesem Menschen zurückgezogen hat, dann hat der Mensch nicht die Kraft zur Umkehr, und ohne Umkehr gibt es keinen Zugang zur Vergebung, keine Möglichkeit zur Vergebung, zur Versöhnung. Gerade an der Sünde gegen den Heiligen Geist wird deutlich, wie unser Handeln auf Erden die Ewigkeit bestimmt.

Während ich diese Zeilen schreibe, herrscht Krieg auf der Erde. Die Ukraine will die einmarschierte russische Armee aus dem Land vertreiben, und Israel kämpft gegen Terroristen, die es vernichten wollen.

Ein ukrainischer Offizier an der Front empfing einen Zug neuer Soldaten mit den Worten: "Passt auf euch auf, in fünf Minuten könnt ihr tot sein." Wo werden sie die Ewigkeit verbringen?

Wer kann wissen, welche Möglichkeiten ein verstorbener Mensch in der Ewigkeit hat, um Menschen auf der Erde zu helfen? Die Bibel gibt wenig Auskunft über dieses Thema. Ein Beispiel für das Wirken von Verstorbenen berichtet Lukas in Kap. 16,19f. Es geht um zwei verstorbene Menschen, der eine ist in der Verdammnis, der andere im Himmel. Vom Himmel, bildlich in Abrahams Haus, wird nur sein Glück genannt, von dem ins Unglück Gefallenen erzählt Jesus, dass er keine Möglichkeit hatte, sein Schicksal und das seiner noch nicht verstorbenen Brüder zu ändern. Hinzu kommt noch die Frage: Spricht Jesus von einem Geschehnis oder von einem Gleichnis? Auffallend ist, dass Jesus den Erlösten beim Namen nennt. Ob Gleichnis oder Geschehnis ist hier nicht massgebend, sondern die Frage: Was können die Toten für die Lebenden tun? Nach diesem Ereignis ist die Antwort ein klares Nichts.

Es gibt eine Liste mit über 6000 Namen von Heiligen und Märtyrern. Nach katholischem Brauch darf ein Verstorbener erst dann als Heiliger verehrt und angerufen werden, wenn durch ihn ein bezeugtes Wunder geschehen ist und er vom Papst heiliggesprochen wurde, wobei der Heiligsprechung die Seligsprechung durch Bischöfe, Erzbischöfe und Kardinäle vorausgehen muss.

Der derzeitige Papst Franziskus ist im Vergleich zu früheren Päpsten sehr grosszügig mit Seligsprechungen. Seit seiner Wahl vor zehn Jahren hat er bis heute schon über 800 Verstorbene heiliggesprochen. Persönlich fällt mir auf, dass verstorbene Menschen ganz selten ungerufen in Erscheinung treten, aber viele Rufe und Bitten erhöhren. Ich zweifle nicht daran, dass es Menschen gibt, die Hilfe und Antworten von angerufenen Heiligen erhalten haben, obschon ich der Überzeugung bin, dass man das nicht tun sollte.

Bevor Jesus sein öffentliches Wirken mit seinen Verkündigungen begann, versprach ihm der Teufel die ganze Welt, wenn er ihn anbeten würde. Die Antwort Jesu ist eindeutig: Matthäus 4,10: "Weiche, Satan! Denn es steht geschrieben: Du sollst anbeten den Herrn, deinen Gott, und ihm allein dienen." Römer 10,13: Jeder, der den Namen des Herrn anruft, wird gerettet werden. Petrus in Apg. 4,12: Und in keinem andern ist das Heil, denn es ist kein anderer Name unter dem Himmel den Menschen gegeben, in dem wir gerettet werden sollen.

Vorher bezeugte Petrus: Es geht um Jesus, den ihr gekreuzigt habt. Kein anderer Name soll angerufen werden. Warum antworten Verstorbene mit anderen Namen? Es geht um die Wahrheit des Herzens. Gott sieht die wahre Gesinnung des Menschen. Er kann im Vordergrund an einen heiliggesprochenen Menschen denken, im tiefsten Sein hinter diesem Namen Gott suchen. Gott sieht, ob ein Mensch vordergründige Dinge annimmt oder ob er nach der Wahrheit sucht. Johannes 5,19: Wahrlich, wahrlich, ich sage euch: Der Sohn kann nicht von sich aus tun, sondern was er sieht, das tut der Vater; denn was der Vater tut, das tut auch der Sohn. 15,5:

Ich bin der Weinstock, ihr seid die Reben. Wer in mir bleibt und ich in ihm, der bringt viele Früchte, denn ohne mich könnt ihr nichts tun.

Gilt diese Wahrheit auch für die Heiliggesprochenen? Gilt sie auch für Maria? Das ist die entscheidende Frage: Gilt sie auch im Himmel? Maria als Mutter Jesu konnte ihrem Sohn auf Erden nicht helfen, sie hat den Hohenpriester Kaiphas und die Schriftgelehrten nicht zur Rede gestellt: "Was macht ihr mit meinem Sohn?" Es muss ein furchtbarer Schmerz für Maria gewesen sein, ihren geliebten Sohn so schrecklich leiden zu sehen. Dass Maria nicht an Gott verzweifelte, lag an ihrer Erinnerung an die prophetischen Worte, die Simon im Tempel von Jerusalem mit dem acht Tage alten Jesus auf dem Arm gesprochen hatte: "Herr, nun lass deinen Diener in Frieden sterben, wie du gesagt hast, denn meine Augen haben deinen Heiland gesehen, welchen du bereitet hast vor allen Völkern, ein Licht zu erleuchten die Heiden und zum Preis deines Volkes Israel."

Und sein Vater und seine Mutter wunderten sich, dass von ihm geredet war. Und Simon segnete sie und sprach zu Maria, seiner Mutter: Siehe, dieser ist bestimmt zum Fall und zur Auferstehung vieler in Israel und zu einem Zeichen, dem widersprochen wird, und es wird ein Schwert durch deine Seele dringen, auf dass viele Herzen Gedanken offenbar werden. Und Jesus sah vom Kreuz herab auf seine Mutter und auf Johannes, seinen Lieblingsjünger, und sprach zu Maria, seiner Mutter: Frau, siehe, das ist dein Sohn. Und zu Johannes sprach er: Siehe, das ist deine Mutter. Und von der Stunde an nahm sie Johannes zu sich. Maria hatte Söhne und Töchter von Josef. Matthäus 13,55: Ist er nicht eines

Zimmermanns Sohn? Heisst nicht seine Mutter Maria und seine Brüder Jakob und Josef und Simon und Judas? Und seine Schwestern, sind sie nicht alle bei uns? War Maria nicht geborgen unter ihren Kindern? Hatte Jesus, ihr ältester Sohn, allein für sie gesorgt? Die Bibel schweigt zu diesen unwichtigen Fragen.

Johannes hatte offensichtlich Platz und Wohlstand für Maria. Johannes hatte einen Bruder, Jakobus, und ihr Vater hatte einen kleinen Fischereibetrieb am See Genezareth. Von Johannes wissen wir, dass er mit dem Hohenpriester Kaiphas in Verbindung stand, denn er hatte nach der Gefangennahme von Jesus Zutritt zu dessen Palast, wo Jesus verhört wurde. Er sorgte dafür, dass auch Petrus, ebenfalls ein Fischer, am Verhör von Jesus teilnehmen durfte. Alles deutet darauf hin, dass Johannes zum Mittelstand gehörte. Offensichtlich wollte Jesus die Kinder von Maria nicht mit der Altersvorsorge seiner Mutter belasten. Später waren die Söhne von Maria grosse Zeugen von Jesus, aber erst nach der Auferstehung Jesu. Von zwei Brüdern, von Jakobus und Judas, haben wir sogar Briefe. Von allen wissen wir, dass sie verheiratet waren. Paulus schreibt den Korinthern in Kap. 9,5, dass er unverheiratet blieb, obschon er hätte heiraten können wie die Söhne Marias.

Nach seinem mehrjährigen Wirken unter seinem Volk musste Jesus feststellen, was er im Johannesevangelium, Kap. 15,23f. schreibt: "Wäre ich nicht in die Welt gekommen und hätte die Menschen alles über Gott gelehrt, so wären sie nicht schuldig. Aber jetzt gibt es keine Entschuldigung mehr für ihr Verhalten. Denn wer mich hasst, der hasst auch meinen Vater. Wenn ich nicht vor aller Augen Gottes Wunder vollbracht hätte, die kein anderer tun kann, so wären sie ohne Schuld. Nun aber haben sie alles miterlebt, und trotzdem hassen sie mich und auch meinen Vater. Doch darin erfüllt sich die Voraussage der Schrift: Sie hassen mich ohne Ursache." Zum Glück gibt es auch andere Menschen. Johannes 17,6f.: Ich habe den Menschen gezeigt, wer du bist, und zwar allen, die du aus der Welt herausgerufen und mir anvertraut hast. Sie gehörten dir schon immer, und deswegen hast du sie mir gegeben. Sie haben deinem Wort geglaubt und leben danach. Jetzt wissen sie, dass alles, was ich habe, von dir kommt. Denn was du mir gesagt hast, das habe ich an sie weitergegeben. Sie haben dein Wort angenommen und erkannt, dass ich von dir komme; sie glauben daran, dass du mich gesandt hast. Diese Worte sagte Jesus kurz vor seinem Tod. Vers 13: Jetzt komme ich wieder zu dir zurück. Aber dies alles wollte ich noch sagen, solange ich bei ihnen bin, damit meine Freude auch sie ganz erfüllt.

Wir wollen den König der Wahrheit beim letzten Abendmahl mit seinen 12 Jüngern beobachten. Dazu muss ich sagen, dass es sehr anspruchsvoll ist, darüber zu berichten. Dazu müsste der beste Reporter und Journalist beauftragt werden. Aber der Reihe nach: Es geht um ein Mahl, das zum grössten Fest des Volkes Israel gehört, dem Passahfest. Für dieses Festmahl gab es strenge Vorschriften. Wie viele davon zur Zeit Jesu noch eingehalten wurden, weiss ich nicht. Jedenfalls nicht mehr alle. 2. Mose 12.

6. Passahfest

Nach den ursprünglichen Vorschriften musste das ganze einjährige Schaf auf dem Feuer gebraten und vollständig verzehrt werden. Blieb etwas übrig, musste dieser Rest vor dem Morgen verbrannt werden. Das Passahmahl musste mit ungesäuertem Brot in Wanderausrüstung, mit Sandalen an den Füssen und einem Wanderstab in der Hand eingenommen werden . Das Passahmahl sollte an das erste Passahmahl erinnern, bei dem der Todesengel an den Häusern vorüberging, in denen das Lamm in Eile gegessen wurde und an denen das Blut des geschlachteten Schafes an die Türrahmen gestrichen war. Zur Zeit Jesu waren die Vorschriften für das Essen des Passahmahles noch in Kraft. Das letzte Passahmahl, das Jesus mit seinen 12 Jüngern feierte, fand einen Tag früher statt. Jesus vergoss sein Blut am Kreuz zu der Zeit, als die Passahlämmer vor dem Tempel in Jerusalem geschlachtet wurden. Jesus war sich jedenfalls bewusst, dass mit seinem Tod das Passahfest seine Erfüllung gefunden hatte. Wer fortan an ihn glaubt, an dem wird der Todesengel vorübergehen. Jesus sagt in Johannes 5,47: "Wer an mich glaubt, der hat schon jetzt das ewige Leben. Ich bin das Brot, das euch das Leben gibt. Wer davon isst, wird nicht sterben."

Welch hohe Bedeutung hat doch das Passahfest, das zur Eucharistie, zur Abendmahlsfeier geworden ist. Das letzte Abendmahl hat eine Fülle von Bedeutungen. Es ist ein Fest des Trostes, ein Fest der Gemeinschaft und eins der Versöhnung. Lukas schreibt in Kap. 22,15 von Jesus: "Wie sehr habe ich mich danach gesehnt, mit euch das Passahmahl zu essen, bevor ich sterben muss." Es war für Jesus ein Fest des Trostes und der Gemeinschaft. Obschon Jesus wusste, dass er von den Jüngern keine Hilfe erwarten konnte, tröstete ihn die Gemeinschaft mit den Jüngern. Er sah, welch ein Segen diese jungen Männer für die Welt sein würden. Es ist aufschlussreich, wie die Jünger auf seine Ankündigung reagierten, als er von einem Verräter sprach. Lukas 22,23: Bestürzt fragte einer den anderen: Wer von uns könnte so etwas tun? Judas hatte sich nie so verdächtig gemacht, dass die anderen gesagt hätten: Es kommt nur einer in Frage. Nur Johannes schreibt etwas Negatives über Judas.

Eine Woche vor dem Passahfest luden die Geschwister Lazarus, Martha und Maria in Bethanien Jesus und seine Jünger zu einem Festmahl ein. Bei dieser Gelegenheit goss Maria ein kleines Fläschchen mit teurem Duftöl über die Füsse von Jesus und trocknete sie mit ihrem Haar. Da empörte sich Judas über diese Verschwendung. Er sagte, man hatte das Fläschchen sehr teuer verkaufen und das Geld den Armen geben können. Johannes entlarvt Judas als unehrlichen Verwalter der Jüngerkasse. Johannes 12,4f. Trotz dieser negativen Bemerkung von Johannes hielt keiner der Jünger für möglich, dass einer von ihnen den Meister verraten könnte, denn alle wussten von den Mordplänen der Volksführer. Jesus hätte Judas von seinem Vorhaben abhalten können, aber er wusste um Gottes Willen, dass es geschehen musste.

Bei diesem Passahmahl geschah noch etwas Unerwartetes. Der Meister stand vom Tisch auf und wusch den Jüngern die Füsse. Das Passahmahl wurde in einem vornehmen Saal gefeiert, der für vornehme Gäste ausgerüstet war. Die vornehmen Gäste lagen auf Polstern, die Füsse konnten ohne Aufsehen von einer anderen

Person gewaschen werden. Es war üblich, dass Knechte oder Mägde den Gästen die Füsse wuschen, aber niemals wusch der Gastgeber selbst seinen Gästen die Füsse. Die Reaktion des Jüngers Petrus ist typisch für seinen Charakter. Die anderen Jünger liessen Jesus gewähren, obschon ihnen das, was Jesus tat, sicher merkwürdig vorkam, aber Petrus wehrte Jesus ab. Es war ihm peinlich, was der Meister mit den Jüngern tat. Er wollte nicht, dass der Meister tat, was er tun sollte. Jesus liess sich von Petrus nicht befehlen, sondern belehrte ihn, dass man den Dienst des Meisters annehmen muss, wenn man ihn behalten will. Als Petrus merkte, dass hinter dem, was Jesus tat, etwas Grosses steckte, wollte er plötzlich mehr. Nicht nur die Füsse, sondern auch die Hände und das Haupt. Daraufhin belehrte ihn Jesus, dass es sich um eine symbolische Handlung handelt, es geht um die Reinheit und das Dienen. Johannes 13,15. Ich habe euch damit ein Beispiel gegeben, dem ihr folgen sollt. Handelt ebenso. Denkt immer daran: Ein Untergebener steht niemals höher als sein Vorgesetzter, und ein Botschafter untersteht dem, der ihn gesandt hat. Kap. 15,20: Erinnert euch daran, was ich euch gesagt habe: Ein Knecht ist nicht mehr als sein Herr. Deshalb werden sie euch verfolgen, wie sie mich verfolgt haben. Wenn sie aber auf mein Wort gehört haben, werden sie auch auf euer Wort hören.

7. Die Wahrheit um das Abendmahl – Die Eucharistie

Beim Sakrament "Abendmahl" geht es um die Frage, auf welcher Weise Jesus in der Abendmahlfeier in der Speise Brot und im Getränk Wein gegenwärtig sei. Wir wissen um die verschiedenen Auffassungen in der katholischen Kirche und bei den Reformatoren Johannes Calvin, Martin Luther und Ulrich Zwingli. Hier geht es nicht um unterschiedliche Auffassungen, sondern um die Wahrheit.

Die Befreiung des Volkes Israel war eine grosse, sichtbare Tat Gottes, dass er wollte, dass Israel das nicht vergisst, und dafür hat er das grosse Passahfest eingesetzt. Gott selbst war es wichtig, dass das Volk Israel seine Taten nicht vergisst. 5. Mose 4,32: Denkt doch an die vergangenen Zeiten. Ist jemals etwas so Wunderbares geschehen? Vers 34: Oder hat je ein Gott versucht, ein ganzes Volk mitten aus einem fremden Land herauszuführen und es zu seinem Eigentum zu machen, so wie es der Herr, euer Gott, mit euch in Ägypten getan hat? Vor euren Augen hat er seine Macht durch grosse Wunder bewiesen. Nach 3. Mose 23 befahl Gott selbst, das Passahfest in jedem Jahr zu feiern. Was Gott mit Jesus und seinem Geist auf Erden beim letzten Passahfest in Jerusalem getan hat, ist grösser als der Auszug aus Ägypten. Hier geht es um die Befreiung aus der Macht Satans. 2. Kor 5,19: Denn Gott war in Christus und versöhnte die Welt mit sich selbst und rechnete ihnen ihre Sünden nicht zu und hat unter uns aufgerichtet das Wort von der Versöhnung. Kol. 1,19f.: Denn Gott wollte mit allem, was er ist und hat, in seinem Sohn wohnen. Alles, was im Himmel und auf Erden ist, sollte durch Christus mit Gott versöhnt werden und Frieden mit ihm haben. Das ist geschehen, als er sein Blut am Kreuz vergossen hat.

Ich persönlich glaube, dass die Wahrheit der Eucharistie, des Abendmahls, am sichersten in Johannes 13,31 ff. zu finden ist: Nachdem Judas die Tischgemeinschaft beim Passahmahl verlassen hatte, sagte Jesus: "Jetzt wird Gott zeigen, wer der Menschensohn wirklich ist, und dadurch wird auch die Herrlichkeit Gottes offenbar. Wenn erst der Menschensohn Gott verherrlicht hat, dann wird auch Gott den Menschensohn verherrlichen, und das wird bald geschehen."

Zunächst möchte ich darauf hinweisen, dass Jesus jetzt mit seinen 11 Jüngern allein war. In der Regel waren Frauen bei den Festmahlen dabei. Gemeinsame Mahlzeiten sind immer auch mit viel Arbeit und Handreichungen verbunden. Wir wissen, dass sich Frauen aus gutem Hause um Jesus und seine Jünger gekümmert haben, aber hier sehen wir sie nicht. Jesus will seinen zukünftigen Botschaftern sagen, dass bald etwas geschehen wird, das für Himmel und Erde von ewiger Bedeutung ist. Es geht um die Herrlichkeit, die der Mensch durch seine Sünden verloren hat. Wird Jesus dem Teufel widerstehen, der Eva und Adam zu Fall bringen konnte? Es geht um mehr als um Fleisch und Blut, es geht um den Willen Gottes. Gott will die Menschen wieder in seinem Reich haben. 1. Johannes 3,8. Dazu ist der Sohn Gottes erschienen, dass er die Werke des Teufels zerstöre. Matthäus 26,38. Im Garten Gethsemane sprach Jesus zu ihnen (Petrus, Johannes und Jakobus). Meine Seele ist betrübt bis an den Tod; bleibt hier und wachet mit mir! Und er ging ein wenig hin und fiel auf sein

Angesicht und betete und sprach: Mein Vater, wenn es möglich ist, so gehe dieser Kelch an mir vorüber; doch nicht wie ich will, sondern wie du es willst. Wird Jesus den Mördern widerstehen? Er wusste, zu welchen Grausamkeiten Juden und Römer fähig waren, zudem stand er im Zenit der Lebenserwartung. Vielleicht gibt es doch einen anderen Weg, die Menschen zurück zu Gott zu führen? Welche Gedanken mögen Jesus gequält haben? Er hatte schon in der Ewigkeit beschlossen, ein anderer Mensch als Adam zu werden. Durch ihn sollte die durch den Teufel und die Menschen beschädigte Herrlichkeit Gottes wiederhergestellt werden. Jesus wusste: Wenn er den Willen Gottes erfüllen kann, dann wird auch die verlorene Herrlichkeit der Menschen wiederhergestellt.

Ich erinnere mich an einen alten Traum. Jesus lag am Boden am Kreuz, aber in diesem Traum wusste ich nicht, dass es Jesus war. Eine unheimliche Atmosphäre lag in der Luft. Starke Männer rannten aufgeregt umher. Einer von ihnen kniete zu Füssen von Jesus. Ich kniete etwa zwei Meter vom Kreuz entfernt auf dem Boden über dem Kopf von Jesus. Ich konnte sein Gesicht nicht von vorn sehen, aber ich sah seinen Kopf, der zu seinen Füssen zeigte. Der Mann zu seinen Füssen hielt einen schweren Hammer in seiner rechten Hand. Alles war wie leicht verschwommen. Plötzlich schrie Jesus laut: Schlag zu! Schlag zu! Ich sah noch den erhobenen rechten Arm mit dem Hammer in der Hand, dann wachte ich auf. Die lauten Worte, die ich im Traum gehört hatte, Schlag zu! Schlag zu!, klangen mir immer wieder in den Ohren.

Es gibt Menschen, denen Gott die ganze Kreuzigung Jesus gezeigt hat, mir hat Gott nur einen Augenblick gezeigt, aber dieser Augenblick ist mir unvergesslich. Im Traum weiss man nicht, dass man träumt, man erlebt die Wirklichkeit. Vielleicht hatte der römische Soldat einen Moment gezögert, Jesus einen Nagen durch die Füsse zu schlagen. Geschah es so oder anders? Auf jeden Fall "beweist" der Traum die totale Bereitschaft Jesu, für uns zu sterben. Dieser Wille Gottes und der Wille Jesu umhüllen das letzte Passahmahl und das erste Abendmahl.

Ich glaube, dass das Geben und Nehmen von Brot und Wein im Abendmahl mehr ist als nur Erinnerung, es ist spürbarer, erfahrbarer Segen und Gnade Gottes, aber niemals wirkliches Fleisch und Blut von Jesus. Der alte Apostel Johannes erinnerte sich noch gut daran, wie viele Zuhörer Jesu sich über seine Rede vom Brot des Lebens ärgerten. Jesus sagte nach Johannes 6,53-57: Wahrlich, wahrlich, ich sage euch: Wenn ihr nicht das Fleisch des Sohnes des Menschen esst und sein Blut trinkt, so habt ihr kein Leben in euch selbst. Wer mein Fleisch isst und mein Blut trinkt, hat ewiges Leben, und ich werde ihn auferwecken am letzten Tag; denn mein Fleisch ist wahre Speise, und mein Blut ist wahrer Trank. Wer mein Fleisch isst und mein Blut trinkt, bleibt in mir und ich in ihm.

Wir können verstehen, dass solche Reden Ärger auslösten. Aber Jesus machte deutlich, wie solche Reden zu verstehen sind. Vers 63: Der Geist ist's, der lebendig macht; das Fleisch ist nichts nütze. Die Worte, die ich rede, sind Geist und sind Leben. Dasselbe gilt logischerweise auch für die Abendmahlsworte in Lukas 22,19-20: Und er nahm das Brot, dankte und brach's und gab's ihnen und sprach: Das ist mein Leib, der für euch gegeben wird; das tut zu meinem Gedächtnis. Desgleichen auch den Kelch nach dem Abendmahl: Das ist der Kelch, das Neue Testament in meinem Blut, das für euch vergossen wird. Nach der Lehre der katholischen Kirche verwandelt sich beim Abendmahl das Brot in Fleisch und der Wein in Blut bei den Worten, die Jesus sprach: "Das ist mein Leib, das ist mein Blut." Unter den Gestalten von Brot und Wein bringt sich Christus, unser Hohepriester, durch den Dienst des Priesters dem Vater als Opfer dar und schenkt sich uns zur Speise. Diese sogenannte Wandlung oder Transsubstantiation geht aber nicht auf die Bibel, sondern auf den 860 gestorbenen Kirchenlehrer Amatar von Metz zurück. Dahinter steht die Vorstellung, Jesus müsse sich symbolisch immer wieder opfern, so wie die Priester im Alten Testament täglich und wöchentlich im Tempel auf dem Altar Opfer darbringen mussten. Aber gerade das ist das Neue Testament, der Neue Bund Gottes mit seinem Volk, dass die Opfervorschriften, die Gott durch Moses dem Volk Gottes befohlen hatte, durch das allein gültige Opfer Jesu erfüllt werden.

Der Hebräerbrief berichtet am ausführlichsten darüber. Je mehr man in der Bibel nachschlägt, desto deutlicher wird, dass das Opfer, das Jesus am Kreuz für die Menschen vor Gott gebracht hat, einmalig ist. Hebr. 9,25: Christus brauchte sich nur ein einziges Mal zu opfern. Der Hohepriester dagegen muss alles Jahre wieder in das Allerheiligste gehen und das Blut des Tieres Gott darbringen. Wie oft hätte Christus dann seit Anbeginn der Welt schon leiden müssen. Aber jetzt, am Ende der Zeiten, ist er gekommen, um durch seinen Opfertod die Sünden ein für allemal zu tilgen. Jeder von uns, jeder Mensch, muss einmal sterben und kommt dann vor Gottes Gericht. So ist auch Christus ein einziges Mal gestorben, um viele von ihren Sünden zu erlösen. Wenn er ein zweites Mal kommen wird, dann nicht, um uns noch einmal von unserer Schuld zu befreien. Dann kommt er, um alle, die ihn erwarten, in sein Reich aufzunehmen.

Tröstlich ist Hebr. 5,4: Deshalb sprach Christus zu Gott, als er in die Welt kam: Opfer und andere Gaben hast du nicht gewollt. Aber du hast mir einen Leib gegeben; er soll das Opfer sein. Kap. 10,9: Ausserdem sagte er: Ich komme, mein Gott, um deinen Willen zu erfüllen. Das bedeutet, an die Stelle der alten Opfer setzt Christus sein eigenes Opfer. Er hat mit seinem Tod am Kreuz diesen Willen Gottes erfüllt und deshalb sind wir durch sein Opfer ein für allemal von Gott angenommen.

Ich habe einmal von einem Herrscher gelesen, dass er sehr gerne ein sehr grosses Geheimnis eines anderen grösseren Herrschers gewusst hätte, wie er eine solche Maschine bauen konnte. Aber der grosse Herrscher wusste, wie das Geheimnis geschützt werden konnte. Nur seine eigenen Leute durften die Maschine bedienen, nur die Leute des Erbauers. Da gelang es dem anderen, einen Schüler als Lehrling in der Fabrik der geheimen Maschine unterzubringen, der sich nach der Lehre hocharbeiten konnte. Erst nach zehn Jahren durfte der Lehrling das Geheimnis der Maschine verraten. Was will ich damit sagen? Gott hat das Geheimnis der Erlösung der Menschen über Jahrtausende bewahrt und seinen Sohn zu einem Menschen werden lassen, mit einem menschlichen Körper, dazu bestimmt, Gottes Willen zu tun.

Was will Gott von uns? Ganz einfach: Dass wir tun, was ihm gefällt, so wie Jesus es getan hat. Hebr. 13,21: Christus wird euch die Kraft geben, das zu tun, was Gott gefällt. Darum wollen wir ihn loben und preisen bis in alle Ewigkeit.

Als Jesus sich bereit erklärte, den Willen Gottes bis zum Tod am Kreuz zu tun, redete Gott vom Himmel her: Johannes 12,27: Da ertönte eine Stimme vom Himmel: Das ist bisher schon geschehen (dass Gottes Name verherrlicht und geehrt werde) und wird auch wieder geschehen durch deinen Tod. Was sagt letzten Endes die Bibel über das Abendmahl? Mit diesem Mahl ehren und danken wir Gott für den offenen Himmel und erinnern uns daran, dass Jesus dafür seinen Leib am Kreuz auf Golgatha geopfert hat. Mit Brot und Wein nehmen wir im Glauben die Gerechtigkeit an, die Jesus uns durch seinen Tod erworben hat. Die verlorene Würde und Reinheit des Menschen vor Gott wird wiederhergestellt. Auch wenn in der Bibel nirgends steht, wie wir das Abendmahl genau richtig feiern sollen, schaut Gott nicht auf das Äussere, das Sinnliche, sondern er schaut, wo wahre Ehrfurcht und Glaube ist. So ist es auch mit den Bitten an Maria und andere Heilige. Obwohl es in der Bibel keine Anweisung dazu gibt, erfahren Menschen Hilfe von Maria und anderen Heiligen. Gott ist viel zu gross, als dass er Menschen wegen unwissender Auffassungen abweisen würde. Er sieht die wahre Gesinnung des Menschen. Wer aber weiss, dass das, was er tut, falsch ist, der soll um die Wahrheit bitten, die Gott gefällt.

In diesem Buch geht es nicht in erster Linie um Kirchengeschichte, sondern um Wahrheit und Lüge. Zur Kirchengeschichte gehören viele Bücher, die hier keinen Platz haben, nur die grossen Linien. Die Absicht der grossen Reformatoren war die Reformation der Kirche, nicht die Gründung einer neuen Kirche. Die protestantische Kirche entstand, weil die Kirche eine Reformation verweigerte. Aus demselben Grund entstanden die Täufergemeinden. Das ist eine leidvolle, tragische Geschichte, die sich auch in unserem Land abgespielt hat.

Vor 400 bis 500 Jahren wurden in Zürich fünf überzeugte Vertreter der Erwachsenentaufe zum Tode durch Ertränken verurteilt. Der erste Märtyrer war Felix Manz. Er wurde am 5. Januar 1527 im Alter von etwa 30 Jahren in Zürich in der Limmat ertränkt. Besonders tragisch an Felix war, dass er zusammen mit Huldrich Zwingli bei dem Gelehrten Johann Böschenstein Hebräisch studierte. Wie konnte es zu einer solchen Trennung kommen? Die Reformation mit Zwingli war nur mit Zustimmung des Rates der Stadt Zürich möglich. Hätte sich Zwingli den Täufern angeschlossen, wäre die reformierte Kirche in grosser Gefahr gewesen. Das Schicksal der reformierten Kirche lag in der Macht des Stadtrates, und dieser verteidigte die Säuglingstaufe. Familien, die sich weigerten, ihre Neugeborenen taufen zu lassen, mussten die Stadt verlassen. Denn die Säuglingstaufe war ja Voraussetzung für das Bürgerrecht. Heute ist das Bürgerrecht nicht mehr an die Taufe gebunden, auch nicht an die Kirche.

Laut Alten Testament sollen im Judentum alle männlichen Neugeborenen nach acht Tagen beschnitten werden. Auch Jesus wurde nach acht Tagen im Tempel beschnitten. Die Beschneidung kann aber nie als Begründung für die Kindertaufe herangezogen werden, denn Jesus war ein beschnittener Jude und forderte trotzdem die Erwachsenentaufe. Vielleicht wird die reformierte Kirche eines Tages denjenigen, die die Kindertaufe ablehnten, die Erwachsenentaufe anbieten. Ich habe Verständnis für diejenigen, die aus Gewissensgründen die Kindertaufe ablehnen. Wer aber als Säugling getauft wird und glaubt, ich bin getauft auf den Namen

Gottes, des Vaters und auf den Namen seines Sohnes Jesus Christus und auf den Namen des Heiligen Geistes, der braucht nur das eine äussere Zeichen. Er glaubt, dass er durch den Glauben an Jesus in den neuen Bund Gottes aufgenommen ist. Sorgt sich aber jemand, weil er nur als Säugling getauft wurde, kann sich als Erwachsener in einer christlichen Gemeinde, die Erwachsene tauft, taufen lassen. Er muss dafür nicht aus seiner Kirche austreten. Normalerweise haben Pfarrer der Landeskirche auch Verbindungen zu Gemeinden, die Erwachsene taufen. Die ersten Christen waren eine kleine Minderheit unter den Heiden, die ihren Götzen die besten Teile von Schlachttieren, Rindern, Schafen und Ziegen opferten. Das meiste Fleisch dieser Tiere kam auf den Markt oder wurde mit nach Hause genommen. Bei Götzenfesten wusste jedermann, dass das, was zum Essen feilgeboten wurde, den Götzen geweiht war. Deshalb verbot der Apostel den Gemeindemitgliedern, an solchen Festen teilzunehmen. 1. Kor. 10,19f. Was sage ich nun? Dass ein Götze etwas ist oder dass es Götzenopfer etwas ist? Nein, sondern dass die Heiden das, was sie opfern, den Dämonen opfern und nicht Gott. Ich will aber nicht, dass ihr in Gemeinschaft mit den Dämonen seid. Ihr könnt nicht den Kelch des Herrn trinken und den Kelch der Dämonen, ihr könnt nicht am Tisch des Herrn teilhaben und am Tisch der Dämonen. Weiter Vers 23: Es ist mir alles erlaubt, aber es ist nicht alles nützlich. Es ist mir alles erlaubt, aber es erlaubt mir nicht alles. Auch Röm. 14,6: Wer isst, der isst für den Herrn und dankt auch Gott. Denn keiner von uns lebt sich selbst und keiner stirbt sich selbst. Denn leben wir, dann leben wir dem Herrn, und sterben wir, so sterben wir dem Herrn. Ob wir nun leben oder sterben, wir sind des

Herrn. Denn dazu ist auch Christus gestorben und auferstanden und wieder lebendig geworden, dass er sowohl über Tote als auch über Lebendige Herr sei. Welche gewaltige Erkenntnis und Einsicht.

Wir können vielleicht denken: Das Problem mit dem Götzenopferfleisch ist doch weniger wichtig als die Frage, ob Kinder- oder Erwachsenentaufe. Ich denke, es geht bei allen Streitfragen um dasselbe Prinzip: Christus, der Messias, ist Herr über alles. Nach dem letzten Passahmal mit seinen Jüngern, auf dem Weg zum Garten Gethsemane, sprach Jesus zu den elf Jüngern, die ihn begleiteten. Johannes 14,21: Wer meine Gebote hält und sie befolgt, der ist es, der mich liebt. Wer aber mich liebt, der wird von meinem Vater geliebt werden, und ich werde ihn lieben und mich ihm offenbaren. Dann die Verse 30 und 31: Ich werde nicht mehr viel zu euch reden; denn es kommt der Fürst dieser Welt, und in mir hat er nichts. Damit aber die Welt erkennt, dass ich den Vater liebe und tue, wie mir der Vater befohlen hat: Steht auf und lasst uns von hier fortgehen. Wenige Stunden nach diesen Worten wurde Jesus gefangen genommen zum Tod am Kreuz. Der grossen Exponent der Wahrheit, Jesus Christus, steht als Opferlamm und Herr vor uns. Und jetzt wenden wir uns dem zweiten Exponenten zu, dem Teufel.

8. Der Teufel – Exponent der Lüge

Wir haben schon viel über ihn geschrieben, denn Wahrheit und Lüge treffen immer wieder aufeinander. Wir beginnen mit dem obigen Zitat von Jesus: "Denn es kommt der Fürst dieser Welt, und er hat nichts in mir." Was für gewaltige Aussagen: Fürst dieser Welt und der zweite Adam, den er nicht verklagen kann wie den ersten Adam.

Jesus nennt den Satan den Fürst dieser Welt. Wir Menschen dieser Welt leben im Fürstentum des Teufels. Wie kam der Teufel in dieses Fürstentum? Gott hat die Welt für den Menschen geschaffen, nicht für den Teufel. Gott hat seine Schöpfung dem Menschen anvertraut. Genesis 2,15: Und Gott der Herr nahm den Menschen und setzte ihn in den Garten Eden, dass er ihn bebaute und bewahrte. Der Apostel Paulus hat immer wieder mit Recht den Anspruch erhoben, ein wahrer Apostel zu sein. 1. Tim 2,6-7: Denn es gibt nur einen Gott und einen Mittler zwischen Gott und den Menschen, den Menschen Christus Jesus, der sich selbst als Lösegeld für alle gegeben hat. Das ist das Zeugnis zur rechten Zeit, zu dem ich eingesetzt bin als Verkündiger und Apostel, als einer, der die Wahrheit sagt in Christus und nicht lügt, als Lehrer der Heiden im Glauben und in der Wahrheit. Dieser Paulus gibt uns in seinen Schriften nähere Auskunft über das Geschehen in der Schöpfungsgeschichte. Es ging nicht nur um den Garten Eden, sondern um die ganze Schöpfung. Die Aufgabe des Menschen war auch der Schutz der Schöpfung. Schutz vor wem? Natürlich vor dem Teufel, der sich die Maske einer Schlange aufgesetzt hatte. Mir ist wichtig, dass Adam vor dem Sündenfall die

Aufgabe hatte, den Tieren Namen zu geben. Genesis; 2,19-20: Und Gott der Herr formte aus Erde die Tiere des Feldes und alle Vögel des Himmels und brachte sie zu dem Menschen, dass er sähe, wie er sie nennen würde und damit jedes lebendige Wesen den Namen trage, den der Mensch ihm gebe. Da gab der Mensch einem jeglichen Vieh und Vogel des Himmels und allen Tieren des Feldes Namen, aber für den Menschen fand sich kein Gehilfe, der ihm entsprochen hätte. In dieser Aussage stecken bemerkenswerte Tatsachen: Gott lässt den Menschen an der Schöpfung teilhaben und stattet ihn mit übermenschlichen Fähigkeiten aus. Kein Mensch ist in der Lage, eine solche Aufgabe zu erfüllen, denn den Tieren Namen zu geben, bedeutete ihre angeborenen Fähigkeiten zu kennen. Stellen wir uns vor, dass Adam der Schlange den Namen gab. Warum hat der Teufel die Schlange als Tarnung benutzt? Dieses Tier hat auch heute noch unglaubliche Eigenschaften.

In Spanien lauerte eine Schlange im Geäst eines Baumes auf einen Vogel. Ich hätte die Schlange nie gesehen, wenn ich nicht ein paar Worte mit dem Nachbarn gewechselt hätte, keinen Meter davon entfernt, und die Schlange sich nicht ein wenig bewegt hätte.

Wenn wir die Frage, wer Jesus ist, kurz beantworten wollen, dann ist die wahre biblische Antwort: Er ist Gottes- und Menschensohn. Haben wir auf die Frage, wer Satan ist, eine ebenso kurze, wahre biblische Antwort? Ja, Satan ist der von Gott getrennte Engelfürst, der Ursprung der Lüge.

Wenn wir eine Antwort auf die Schicksalsfrage suchen, warum ein Engelsfürst zum Feind Gottes geworden ist, müssen wir auch die Frage beantworten: Warum wurde der Mensch gottlos?

Der Prophet Jesaja hatte den Untergang des Weltreiches Babylon als den Untergang eines gottlosen Herrschers im Symbol des Morgensterns beschrieben. Jes. 14,12: "Wie bist du vom Himmel gefallen, du schöner Morgenstern? Wie bist du zur Erde gefallen, der du die Heiden schwächtest? Gedachtest du doch in deinem Herzen: Ich will in den Himmel steigen und meinen Thron über die Sterne Gottes erheben. Ich will mich setzen auf den Berg der Versammlung in der fernsten Mitternacht, ich will fahren über die hohen Wolken und gleich sein dem Allerhöchsten."

Sobald man diese Worte näher betrachtet, erkennt man dahinter das Herz des Teufels. Im Buch Hiob, Kap. 38,7, werden die hohen Engel Morgensterne genannt. Kapitel 2,1f. gibt Auskunft über den Rang des Teufels vor dem Thron Gottes. Und es kam ein Tag, an dem sich die Söhne Gottes vor ihm zu versammeln pflegten, da erschien auch Satan unter ihnen, um sich vor dem Herrn zu versammeln. Eines Tages sandte Jesus 70 Jünger aus, jeweils zu zweit sollten sie die Botschaft dem Volk verkünden. Für diesen Auftrag gab Jesus ihnen seinen mächtigen Namen. Als sie zurückkamen, erzählten sie begeistert, dass sie im Namen Jesu sogar Macht über den Teufel hätten. Da sagte Jesus zu ihnen: Ich habe gesehen, wie der Satan wie ein Blitz vom Himmel gefallen ist. Ich habe euch Macht über ihn gegeben, aber vor allem freut euch darüber, dass eure Namen im Himmel geschrieben sind.

Jesus hat den Ursprung des Bösen auf den Punkt gebracht. Matthäus 15,19: Aus dem Herzen gehen böse Gedanken hervor. Wir erinnern uns an 1. Mose 4.6: Gott fragte Kain: "Warum bist du so zornig und blickst so grimmig zu Boden? Wenn du Gutes im Sinn hast, brauchst du dein Gesicht nicht zu verbergen. Wenn du aber

Böses planst, dann lauert dir die Sünde auf und will dich zu Fall bringen. Du aber herrsche über sie." Die Sünde war stärker als Kain, und er wurde zum Mörder.

Der Apostel Paulus hat sich viel mit der Sünde beschäftigt und bekennt in Römer 7,21f.: Das Gute will ich tun, aber ich tue das Böse. Dieser Widerspruch besteht in zwei Gesetzen, dem Gesetz Gottes und dem Gesetz der Sünde. Wenn ich nach dem Gesetz der Sünde handle, bin ich ein Gefangener der Sünde. Wer kann mich aus dieser Gefangenschaft befreien? Gott sei Dank! Durch unseren Herrn Jesus Christus sind wir schon befreit. Hier liegt der Schlüssel zu dem Leben, das Gott von uns erwartet. Hebr. 12,14: Jagt dem Frieden und der Heiligung nach, ohne die niemand den Herrn schauen kann, d.h. niemand kommt mit Sünden in den Himmel. Matthäus 5,20: Wenn eure Gerechtigkeit nicht besser ist als die der Schriftgelehrten und Pharisäer, so werdet ihr nicht in den Himmel kommen. Immer wieder warnt Jesus: Wenn ihr mir nicht glaubt, werdet ihr in euren Sünden sterben. Vgl. Johannes 8,21f.

Das Volk Israel stand immer wieder in der Gefahr, sich auf seine Traditionen zu verlassen. Sie glaubten, die Abstammung von Abraham schütze sie vor der Hölle, später die Tatsache, dass sie als einziges Volk einen Tempel hatten, der dem höchsten Gott geweiht war. Das höchste Heiligtum, die tragbare Bundeslade, ein kostbarer, mit Gold überzogener Kasten mit den originalen Gesetzestafeln, hielten sie für eine Garantie für Gottes Beistand. Der Anspruch Jesu, der einzige Weg zum Himmel zu sein, war für die Menschen damals wie heute ein Ärgernis.

Wenn wir die Antwort auf die Frage finden wollen, warum es das Böse gibt, wenn Gott doch gut ist, wie Jesus behauptet. Matthäus 19,17: Was heissest du mich gut? Niemand ist gut denn der einige Gott? Wir erleben das Böse in unermesslichem Ausmass. Es ist logisch: Je grösser die Macht, desto grösser das Böse, wenn die Macht zum Bösen wird. Wenn der Herrscher eines mächtigen Landes Böses tut, dann ist das Böse grösser, als wenn jemand, der wenig Macht hat, Böses tut. Unermesslich wird das Böse, wenn eine grosse Macht sich gegen Gott wendet. Auch unter den Menschen ist das Böse unermesslich, wenn Menschen wider alle Vernunft nur noch Böses im Herzen haben.

Gott hat dem Propheten Hesekiel aufgetragen, dem ungehorsamen Volk zu sagen, 11,17f.: Ich will euch sammeln aus den Völkern, dahin ihr zerstreut seid, und will euch das Land Israel geben. Und sie sollen dorthin kommen und alle Scheuel und Greuel daraus wegtun. Und ich will euch ein einträchtiges Herz geben und einen neuen Geist in euch geben und will das steinerne Herz aus eurem Leibe wegnehmen und ein fleischernes Herz geben, auf dass ihr in meinen Sitten wandelt und meine Rechte haltet und danach tun. Und sie sollen mein Volk sein, so will ich ihr Gott sein.

Man kann in der Bibel suchen, wo man will. Nirgendwo findet man die Verheissung eines automatischen, selbstverständlichen Einlasses in den Himmel. Alle Menschen werden zur Rechenschaft gezogen. Aber nicht nur die Menschen, sondern auch die Engel. Der Apostel Paulus, der sich nach eigenem Zeugnis vom Geist hat leiten lassen, schreibt den Korinthern etwas Unerwartetes: So nun die Welt soll von euch gerichtet werden, seid ihr denn nicht gut genug, geringe Sachen zu richten? Wisset ihr nicht, dass wir die Engel richten werden? Paulus ärgert sich über die junge Christengemeinde, dass es in ihr Leute gibt, die bei Streitigkeiten zum Amtsgericht gehen. Für uns ist wichtig, dass alle Menschen und Engel eine ganz persönliche Verantwortung tragen. Gott macht es den Menschen leicht, in den Himmel zu kommen. Er will ihnen sogar ein neues Herz schenken. Hesekiel 36,26f.: Und ich will euch ein neues Herz und einen neuen Geist in euch geben und will das Steinerne aus eurem Fleisch wegnehmen und euch ein fleischernes Herz geben; ich will meinen Geist in euch geben und will solche Menschen aus euch machen, die in meinen Geboten wandeln und meine Rechte halten und danach tun. Gott schenkt dem Menschen die Voraussetzung, um seinen Willen erfüllen zu können. Paulus schreibt dazu in Phil. 1,3f.: Ich danke meinem Gott sooft ich an euch denke für eure Gemeinschaft am Evangelium vom ersten Tage an bis her. Und bin desselben in guter Zuversicht, dass Jesus, der in euch angefangen hat das gute Werk, der wird's auch vollenden bis an den Tag Jesu Christ. In Kap. 2,12f.: Also meine Liebsten, wie ihr allezeit seid gehorsam gewesen, nicht allein in meiner Gegenwart, sondern auch nun viel mehr in meiner Abwesenheit, schaffet, dass ihr selig werdet, mit Furcht und Zittern. Denn Gott ist's, der in euch beides wirkt, das Wollen und das Vollbringen, nach seinem Wohlgefallen.

Wir leben auf Erden in grosser Ehrfurcht vor Gott und gleichzeitig in der Glaubensgewissheit, dass er uns in den Himmel führen wird. Der Wille Gottes mit den Menschen steht in Hesekiel 34,16: Ich will das Verlorene wieder suchen und das Verirrte zurückbringen und das Verwundete verbinden und das Schwache stärken und, was fett und stark ist, behüten Es ist gut zu sehen, was in der Bibel über die Verantwortung derer steht, die berufen sind oder sich berufen fühlen, das Volk in die Wahrheit zu führen. Gott hat Hesekiel zum Wächter berufen. Hes. 33,7: Und nun, du Menschenkind, ich habe dich zum Wächter über das Haus Israel gesetzt, wenn du etwas aus meinem Munde hörst, dass du sie warnen sollst um meinetwillen. Und Gott sprach zu ihm: Wenn du das Unheil kommen siehst und warnst das Volk, und das Volk lässt sich warnen, dann wird es das Leben erhalten. Wenn du aber das Unheil kommen siehst und das Volk nicht warnst, dann wird das Volk umkommen und ich will ihr Blut von dir fordern. Der Wächter wird von Gott für den Tod der Ungewarnten verantwortlich gemacht.

Zur Erdenzeit Jesus führten die Gelehrten der damaligen Bibel, der heiligen Schriften, die sich auf das Gesetz des Mose konzentrierten, das Volk. Die Mehrzahl dieser Gelehrten, von denen viele dem Bund der Pharisäer angehörten, wurden von Jesus hart angegriffen. Sie machten unwichtige Gebote zu den wichtigsten und vernachlässigten die wichtigsten. Matthäus 23,15: Weh euch, Schriftgelehrte und Pharisäer, ihr Heuchler, die ihr Land und Wasser umziehet, dass ihr einen Proselyten machet; und wenn er's geworden ist, macht ihr aus ihm ein Kind der Hölle, doppelt so schlimm wie ihr.

Wie kann ein Mensch den Weg zu Gott finden, wenn die Schriftgelehrten unmoralisch leben? Matthäus 23,1f.: Dann redete Jesus zu den Volksmengen und zu seinen Jüngern und sprach: Auf Moses Lehrstuhl haben sich die Schriftgelehrten und Pharisäer gesetzt. Alles nun, was sie euch sagen, tut und befolgt, aber handelt nicht nach ihren Werken, denn sie sagen es, aber tun es nicht. Nicht alle, aber die Mehrheit der Schriftgelehrten und Pharisäer taten nicht, was sie predigten. Die Schriftgelehrten mussten viele Jahre studieren, bis sie die Heilige Schrift lesen und auslegen konnten. Das einfache Volk, das weder lesen noch schreiben konnte, war auf die Vorträge der Gelehrten angewiesen. Es ist interessant, dass Jesus den Schriftgelehrten, die das einfache Volk ausplünderten, nicht das Lehren verbot, sondern nur ihr böses Leben verurteilte. Ohne die Schriftgelehrten hätte das Volk die unentbehrliche Bibel gar nicht kennengelernt. Ob das heute noch aktuell ist?

Was gegenüber der Erdenzeit Jesus anders ist, besteht in der Bildung. Niemand ist darauf angewiesen, dass Schriftgelehrte die Bibel vorlesen. Jedermann kann die Bibel selbst lesen, und wer das nicht kann, kann sie zum Hören erwerben. Sogar für die Auslegung ist durch die grosse Auswahl von Bibelkommentaren gesorgt. Paulus, der selbst ein Schriftgelehrter war, führte ein strenges sittliches Leben und erkannte doch nicht den rechten Weg. Aber Gott, der das Zentrum, die Mitte, eben das Herz des Menschen kennt, öffnete ihm den einzig richtigen Weg. Die sittenlosen Schriftgelehrten, die mehr schaden als nützen, werden von Jesus ebenso wenig geschont wie die anderen Zeitgenossen Jesu.

Wir haben das Thema Wahrheit und Lüge schon in einem grösseren Rahmen behandelt und wollen uns nun einzelnen Aspekten zuwenden, zunächst einige der Lügen.

1. Lüge über Gott

Die grösste Lüge des Teufels ist seine Verachtung Gottes. Die grösste Lüge des Menschen ist, dass er Gott ins Nichts versetzt. Der Teufel erhebt sich über Gott und bezichtigt ihn der Lüge.

Genesis 3.1: Die Schlange war listiger als alle Tiere auf dem Felde, die Gott der Herr gemacht hatte. Und sie sprach zum Weibe: Hat Gott wirklich gesagt, ihr dürft nicht essen von jedem Baum im Garten? Da sprach das Weib zur Schlange: Wir essen von der Frucht der Bäume im Garten; aber von der Frucht des Baumes mitten im Garten hat Gott gesagt: Esset nicht davon und rühret sie auch nicht an, damit ihr nicht sterbet. Da sprach die Schlange zum Weibe: Ihr werdet sicherlich nicht sterben! Sondern Gott weiss: welchen Tages ihr davon esset, werden eure Augen aufgetan, und ihr werdet sein wie Gott und wissen, was gut und böse ist.

Was für eine ungeheure Lüge, Gott einen Lügner zu nennen mit den Worten: Ihr werdet sicherlich nicht sterben! Die Lüge zerstört das Vertrauen in Gott. Wenn das Vertrauen zu Gott verloren geht, hat der Mensch keinen Halt mehr. Ich denke, mit der gleichen Lüge hat der Teufel auch andere Engel von Gott weggelockt. Die Lüge Satans über Gott hat auch die Engel misstrauisch gegenüber Gott gemacht. Wir können nichts Besseres tun, als Gott zu vertrauen, und nichts Schlimmeres, als das Vertrauen in Gott wegzuwerfen. Glaube und Vertrauen sind Zwillinge, man kann Vertrauen mit Glauben verbinden und umgekehrt. Röm. 4,3: Was aber sagt die Schrift? Abraham glaubte Gott, und das wurde ihm zur Gerechtigkeit gerechnet. Glaube und Vertrauen sind das Gegenteil von Misstrauen und Lüge. Gott belohnt das Vertrauen und bestraft das Misstrauen. Dazu 5. Mose 5,11: Du sollst den Namen des Herrn, deines Gottes, nicht missbrauchen; denn der Herr wird den nicht ungestraft lassen, der seinen Namen missbraucht. Den Namen Gottes zu missbrauchen hat eine unendliche Dimension. Psalm 119,118: Du zertrittst alle, die von deinen Rechten abirren; denn ihre Trügerei ist eitel Lüge. Du wirfst alle Gottlosen auf Erden weg wie Schlacken, darum liebe ich deine Zeugnisse. Vers 114: Du bist mein Schirm und mein Schild; ich hoffe auf dein Wort. Das Erste, was dem Menschen begegnet, ist das Wort, achte auf den Zusammenhang der Lüge mit dem Wort. Die Lüge, die ist, wie Jesus sagt, der personifizierte Teufel, er belügt das Wort, das von Gott ist. Johannes sieht, dass dieses Wort zu den Menschen gekommen ist. Wo eine Stimme, etwas Hörbares ist, da ist ein Wesen, ein Sprecher, vorhanden. Johannes 1,1: Im Anfang war das Wort, und das Wort war bei Gott, und Gott war das Wort. Johannes sieht, was geworden ist. Es ist ein grosses Geheimnis, das nur der allmächtige Gott geschaffen hat, dass sein Wort im Menschen Maria sichtbar geworden ist. Kein Wunder, dass der Teufel dieses Geheimnis zur Lüge machen will. 2. Kor. 5,19 f.: Denn Gott war in Christus und versöhnte die Welt mit ihm selber und rechnete ihnen ihre Sünden nicht zu und hat unter uns aufgerichtet das Wort von der Versöhnung. Johannes 1,14: Das Wort ward Fleisch und wohnte unter uns, und wir sahen seine Herrlichkeit als des eingeborenen Sohnes vom Vater, voller Gnade und Wahrheit.

Im täglichen Leben kommt es vor, dass wir manchmal sagen: Ich nehme dich beim Wort. Damit meinen wir, dass der Mensch, der uns etwas versprochen hat, das Versprochene auch halten müsse. Es kann um etwas Alltägliches gehen wie: Du hast mir doch versprochen, mir beim Holzsammeln zu helfen. Es kann aber auch etwas Lebenswichtiges sein wie: Du hast mir doch versprochen, dass du mein Leben mit mir teilen willst. Wenn es um das Wort geht, geht es immer um den Sprecher des Wortes. Psalm 109,105: Dein Wort ist meines Fusses Leuchte und ein Licht auf meinem Wege. Johannes 8,12: Da redete Jesus abermals mit ihnen und sprach: Ich bin das Licht der Welt; wer mir nachfolgt, der wird nicht wandeln in Finsternis, sondern wird das Licht des Lebens haben.

Etwas Unfassbares, Teuflisches steht in Matthäus 26,3: Da versammelten sich die Hohenpriester und die Ältesten des Volkes im Palast des Hohenpriesters, der hiess Kaiphas, und hielten Rat, Jesus mit List zu ergreifen und zu töten Wir können nur traurig den Kopf schütteln über diese buchstäblich verlogene Gesellschaft.

Niemand wird von den Menschen so unterschiedlich wahrgenommen wie Jesus. Für die, die ihn ablehnen, ist er das grösste Übel, für die, die ihn bejahen, der grösste Segen.

Hier kommt wieder das Thema Wahrheit und Lüge ins Spiel. Wer hat recht, die Zustimmenden oder die Ablehnenden? Die Ablehnenden sind im Reich der Lüge, die Zustimmenden im Reich der Wahrheit. Gott sagt durch Jesus in Johannes 8,37: Jeder, der Wahrheit ist, hört meine Stimme. Petrus gehörte zu den ersten Jüngern von Jesus und zu seinen engsten Freunden. Er schreibt in seinem letzten Brief an Petrus 1,16: Denn wir sind nicht klugen Fabeln gefolgt, als wir euch die Macht und Zukunft unseres Herrn Jesu Christus kundgetan haben, sondern wir haben seine Herrlichkeit selbst gesehen, als er von Gott, dem Vater, Ehre und Preis empfing durch eine Stimme, die zu ihm kam von der grossen Herrlichkeit: Das ist mein lieber Sohn, an dem ich Wohlgefallen habe.

Wer kurz vor dem Tod steht, will die Überlebenden gewiss nicht betrügen, sondern in guter Erinnerung bleiben. Aus beiden Briefen können wir entnehmen, wie Petrus die ersten Christen unterrichtet hatte und ihnen die grosse Zukunft erklärte. Er hatte den ganzen Reichtum des Reiches Gottes gepredigt und der jungen Christengemeinde eine grosse, ewige Botschaft hinterlassen. Dasselbe gilt für alle Apostel. Paulus schreibt in Phil. 4,6 f.: Sorget nichts! Sondern in allen Dingen lasset eure Bitten im Gebet und Flehen mit Danksagung vor Gott kund werden. Und der Friede Gottes, welcher höher ist als alle Vernunft, bewahre eure Herzen und Sinne in Christo Jesu.

Es gibt Ereignisse, Texte und Abschnitte in der Bibel, die wir nicht verstehen. Der Apostel Paulus war ein hochbegabter Mensch. Zu welcher Erkenntnis ist er gekommen, wenn er auf ein Handeln Gottes stieß, das er nicht verstehen konnte? Es gibt keine Antwort auf die Frage: Warum hat Gott zwischen den Zwillingen Esau und Jakob vor ihrer Geburt einen grossen Unterschied gemacht? Warum wurde Jakob auserwählt? Wir fragen heute: Warum können Menschen in Saus und Braus leben, während andere sich gegenseitig umbringen müssen? Warum ist die Gottlosigkeit im Vormarsch?

Paulus hat folgende Antwort, Röm. 9,20: "Ja, lieber Mensch, wer bist du denn, dass du mit Gott rechten willst? Spricht etwa ein Werk zu seinem Meister: Warum hast du mich so gemacht?

Hat nicht der Töpfer Macht über den Ton?" An diese Wahrheit muss ich denken, wenn Gott seinen Sohn zum zweiten Adam erwählt hat, dass er allein die Ungerechtigkeit der Menschen auslöschen kann.

Die Menschen sind untreu geworden. Menschen müssen Verantwortung übernehmen. Da kein einziger Mensch vorhanden war, der Verantwortung für andere übernehmen konnte, musste Gott einen Weg finden, um die Ungerechtigkeit durch Gerechtigkeit zu tilgen. Satan kann Gott niemals vorhalten, dass die Beseitigung der Ungerechtigkeit, der Sünde, ungültig ist, weil sie nicht durch einen Menschen geschehen ist.

Wie ist nach der Bibel die Befreiung des Menschen von seinen Sünden möglich geworden? Durch einen Menschen, der ohne Sünden ist. Weil es einen solchen nicht gab, hat Gott seinen Sohn zu einem Menschen gemacht, und zwar zu einem wahren Menschen, wie uns Paulus im bereits zitierten Philipperbrief, Kap. 2 beschreibt. So sehr ist Gott in seinem eingeborenen Sohn Mensch geworden, dass er sogar die Sterblichkeit angenommen hat. Gerade die Sterblichkeit ist für den Menschen ein unüberwindliches Hindernis. Wie bereits festgestellt, weichen viele gelehrte Menschen diesem Unerklärlichen aus, indem sie sagen: Gott ist unsterblich, nur deshalb konnte Jesus sterben, weil er nur von der Taufe bis zum Kreuz Gott war. Bei der Taufe sei Gott zu ihm gekommen, und am Kreuz, vor dem Tod habe sich Gott wieder von ihm entfernt. Als Beweis dafür deuten sie die Worte Jesu am Kreuz: "Mein Gott, mein Gott, warum hast du mich verlassen?" (Mark.15,34) als Entzug der Göttlichkeit.

Mit den Worten aus Psalm 22,2 hat Jesus seine Gemeinschaft mit Gott bis zu seinem letzten Atemzug bewahrt. Warum die Lüge, am Kreuz sei nur ein gewöhnlicher Mensch gestorben? Weil der Teufel nicht akzeptiert, dass Jesus die Sünden der Menschen und die Strafe Gottes dafür, den Tod, auf sich genommen hat. Wahrscheinlich sind der Teufel und seine Anhänger neidisch auf die Menschen, die ein so grosses Geschenk von Gott erhalten: Die Vergebung der Sünden und einen offenen Himmel. Der Teufel versucht alles, um die Vergebung der Sünden durch Jesus ungültig zu machen. Zum einen will er die Fähigkeit Jesu, Sünden zu vergeben, ungültig machen, zum anderen verbreitet er die Lüge, Jesus sei am Kreuz gar nicht wirklich gestorben, sondern als Scheintoter begraben worden. Diese Version ist so absurd, dass sie ohne den unbemerkten Einfluss der unsichtbaren Mächte gar nicht denkbar wäre. Es ist bemerkenswert, dass eine solche Argumentation nur möglich ist, wenn man die eigene Phantasie über die Bibel stellt. Petrus, der Jesus persönlich begleitet hat, schreibt in 2. Petrus 1,16: "Denn wir sind nicht ausgeklügelten Fabeln gefolgt, als wir euch kundgetan haben die Kraft und das Kommen unseres Herrn Jesus Christus; sondern wir haben seine Herrlichkeit mit eigenen Augen gesehen." Aber genau das Gegenteil von Petrus muss man tun, wenn man auf solche falsche Annahme kommt, die Evangelien, die von Jesus berichten, für Fabeln zu halten.

Für die Annahme des Scheintodes wird argumentiert, dass Jesus am Kreuz durch vorausgegangene Misshandlungen einen Pleuraerguss erlitten habe, welcher zum Tod durch Ersticken geführt habe. Der überlieferte Speerstich eines römischen Soldaten habe den Bluterguss in der Lunge zum Abfliessen gebracht. Dadurch sei Jesus am Leben geblieben und in einen todesähnlichen Zustand gefallen.

Welch ein Widerspruch! Der in Johannes 1,34 berichtete Speerstich, ein Kriegsknecht öffnete seine Seite mit einem Speer, alsbald floss Blut und Wasser heraus (Jesus am Kreuz), wird als authentisch bewertet, der Rest als Legende.

Ich bin ganz ein Mensch, was bin ich dadurch? Es ist unmöglich, den Menschen zu definieren. Nach der Bibel ist er göttlichen Ursprungs und in einen göttlichen Lebensraum gestellt worden. Am Anfang hatte der Mensch eine ungetrübte Beziehung zu Gott und wurde von ihm beschäftigt. Er durfte den Tieren Namen geben und musste sich nicht um Nahrung kümmern. Aber der Mensch musste Gott gehorchen, er war nicht unbeaufsichtigt. Es gab ein Verbot. Er durfte einen wunderschönen Baum mit schönen Früchten nicht anrühren. Auch seine Frau kannte dieses Verbot. Aber die Menschen waren nicht allein mit Gott am ersten Ort des Lebens. Ein anderes Wesen schlich sich im Baumgarten herum und machte sich, wie eingangs zitiert, an die Frau des Menschen heran.

Dieses Wesen ist auch heute noch aktiv und besitzt übermenschliche Fähigkeiten. Es gelingt diesem Wesen, was ihm schon bei den ersten Menschen gelungen ist, auch die heutigen Menschen zum Ungehorsam gegen Gott zu verführen. Ein besonderes Merkmal fällt auf: Der Teufel hat es ganz besonders auf die hochbegabten, gebildeten und einflussreichen Menschen abgesehen. Wie kann ein begabter Mensch seine Intelligenz dazu nutzen, andere Menschen zu betrügen? Wie kann ein begabter Staatsmann unzählige Menschen in Elend, Leid und Tod führen? Die Antwort ist immer dieselbe: Der unsichtbare, unerkannte Einfluss des Teufels. Wie bösartig der Teufel seine übermenschlichen Fähigkeiten zum Bösen einsetzt, zeigt sich im irdischen Leben von Jesus.

Wir sehen in der Bibel, wie es dem Teufel gelang, Jesus den grausamsten Tod sterben zu lassen, der Tausende leidende Menschen heilte und Taten vollbrachte, die kein Mensch vollbringen kann, wie die Speisung von Tausenden Hungernden, wobei so viel übrig blieb, dass niemand sagen konnte, er habe den Hungernden nur das Hungergefühl genommen. Es gibt nur einen Menschen, der dem Teufel überlegen war und doch wegen der Bosheit der Menschen leiden musste: Jesus. Matthäus 12,42. Die Königin vom Süden wird auftreten beim Gericht mit diesem Geschlecht und wird es verdammen; denn sie kam vom Ende der Erde, Salomos Weisheit zu hören. Und siehe, hier ist mehr als Salomo.

Welche Weisheit hat Jesus bewiesen, z.B. bei der Ehebrecherin oder vor Pilatus. Johannes 8,7 u. 19,11: Jesus zu den Anklägern: Wer unter euch ohne Sünde ist, der werfe den ersten Stein, und zu Pilatus: Du hast keine Macht.

Es ist unbegreiflich, wie man einen eigenen Mitbürger zum Tod verurteilen konnte, dem nicht einmal Gott eine Schuld zur Last legen konnte. Das römische Staatsgericht verurteilte Staatsfeinde zur grausamsten Todesstrafe, der Kreuzigung. Deshalb klagten die Ankläger Jesu vor dem römischen Richter nicht nur als Gesetzesbrecher, sondern auch als Aufrührer gegen die römische Herrschaft an. Pilatus wurde von den Anklägern mit der Drohung eingeschüchtert, er würde sein Amt als Staatsanwalt Roms vernachlässigen, fall er Jesus nicht kreuzigen lasse. Da war Pilatus sein Amt wichtiger als Jesus. Man kann sich fragen: Hatten die Tausenden im Volk, die Jesus als Segensbringer erlebten, keine Stimme? Die Macht der Lüge ist gewaltig. Hitler ist das jüngste Beispiel für die Macht der Lüge. Er sagte: Wenn man dem Volk eine Lüge lange genug einredet, dann glaubt es sie. Das deutsche Volk glaubte an die Lüge, dass es gut ist, die Juden und die "nichtsnutzigen Zigeuner" zu vernichten.

Gegenwärtig kämpft die russische Armee gegen die ukrainische mit der Begründung, das Vaterland zu verteidigen. Die jungen russischen Soldaten wissen nicht, dass die Ukrainer nur um das Gebiet kämpfen, das sich die russische Armee zuvor räuberisch angeeignet hat. Was Lügenpropaganda anrichten kann, habe ich hautnah erlebt.

Im Büro, in dem ich gearbeitet habe, gab es zwei Doppelpulte. Mir gegenüber sass ein deutscher Mitarbeiter, der mit der Hitlerjugend und der Propaganda des Propagandaministers Göbbels aufgewachsen war. Ein Angestellter einer anderen Abteilung betrat unser Büro und reichte meinem Gegenüber ein Schriftstück, das im falschen Büro gelandet war. Der fremde Angestellte verließ das Büro stillschweigend, wie er gekommen war. Es war üblich, Störungen möglichst zu vermeiden oder zumindest sehr kurz zu halten. Wenn man mit einer delikaten Aufgabe beschäftigt ist, ist schon die kleinste Störung lästig. Als der Fremde beim Hinaustreten die offen gelassene Tür schloss, rief mein Gegenüber ihm halblaut, aber für mehrere hörbar hinterher: "Judenschwein".

Alle Hörenden, auch ich, waren einfach sprachlos, aber nach einer Weile dachte jeder, dass es das Beste ist zu schweigen. Der Fremde trug das Erkennungszeichen der Juden, die kleine Kippa, auf dem Kopf. Fünfzig Jahre nach dem Tod von Hitler war die Lüge "Die Juden sind schuld" immer noch aktuell.

Der Volksmund sagt: "Lügen haben kurze Beine", zum Glück trifft das auf viele Lügen zu.

Jesus hat Taten vollbracht, die kein Menschen vollbringen kann, solche, die nur wenige Menschen sahen, und solche, die weithin bekannt wurden. Einmal ruderte eine Gruppe junger Männer, die er um sich versammelt hatte wie ein Lehrer die Schüler, in einem grossen Fischerboot auf dem See Genezareth. Einige der Männer waren Berufsfischer, das Rudern mit einem Boot war ihnen vertraut. Jesus war todmüde ins Boot gestiegen und mit einem Kissen unter dem Kopf tief eingeschlafen. Da geriet das Boot in einen gefährlichen Sturm, der so heftig wurde, dass das Boot jeden Moment von einer Sturmwelle verschlungen werden konnte. Da weckten die Männer Jesus auf und konnten nicht begreifen, wie er bei einer solchen Gefahr schlafen konnte. Da stand Jesus auf, befahl dem Sturm zu schweigen und tadelte die Männer wegen ihres Kleinglaubens. Diese göttliche Tat erlebten nur wenige, ebenso wie eine viel spätere Begebenheit.

Damals hatten die Fischer noch keine kaum sichtbaren Netze auch künstlichem Zwirn, deshalb warfen sie ihre Netze nachts ins Wasser. Als die Fischer eines Nachts keinen einzigen Fisch gefangen hatten, riet ihnen Jesus, der am Ufer auf sie wartete, nun das Netz auf der rechten Seite des Bootes auszuwerfen. Da sagte der Oberfischer Petrus zu Jesus: "Auf dein Wort hin wollen wir es tun, obschon es schon hell ist." Da füllte sich das Netz mit so vielen Fischen, dass sie es nicht ins Boot ziehen konnten. Sie mussten das Netz hinter dem Boot herziehen bis ans Ufer. Matthäus 8,25/Johannes 216.

Eines der letzten grossen Wunder, das grosses Aufsehen erregte, war die Heilung eines Blindgeborenen in Jerusalem. Die Frage der Jünger an Jesus: "Wer hat gesündigt, dass dieser Mensch blind geboren wurde, der Blinde selbst oder seine Eltern?" zeigt, wie tief die Vorstellung verwurzelt ist, dass zwischen Unglück und Lebensart eine Untat die Ursache sein müsse.

Die Antwort von Jesus ist überraschend: "Nicht Sünde ist die Ursache der Blindheit, sondern Gottes Wille." Durch das Heilungswunder wird Gottes Wirken für alle sichtbar. Es ist ein Beweis für Gott, denn nur Gott kann ein solches Wunder tun. Johannes 9.

2. Weltlügen / Evolutionslüge

Immer noch wird in der Naturwissenschaft vom Urknall ausgegangen, der am Anfang der Schöpfung stattgefunden haben soll. Aber wer hat den Urknall gemacht? Wer schuf die Materie, in der er explodierte? Im Nichts kann nichts explodieren.

Hiob 38,2-5: Wer ist der, der den Ratschluss verdunkelt mit Worten ohne Verstand? Gürte deine Lenden wie ein Mann; ich will dich fragen, lehre mich! Wo warst du, da ich die Erde gründete? Sage an, bist du so klug? Weisst du, wer ihr das Mass gesetzt hat oder wer über sie eine Richtschnur gezogen hat?

Dazu 5. Mose 4,2: Ihr sollt nichts dazutun zu dem, was ich euch gebiete, und sollt auch nichts davontun, auf dass ihr bewahren möget die Gebote des Herrn, eures Gottes, die ich euch gebiete.

Natürlich wurden diese Worte in einer besonderen Situation gesprochen, aber sie gelten überall und allezeit. Sprüche 30,5f.: " Alle Worte Gottes sind im Feuer geläutert; er ist ein Schild denen, die auf ihn trauen. Tu nichts zu seinen Worten hinzu, dass er dich nicht zurechtweise und du als Lügner dastehst."

Es ist nicht gleichgültig, wie wir das Universum betrachten, ob wir es dem Zufall zuschreiben oder der Allmacht Gottes. Ich denke an die Zeitgenossen von Jesus, wie Matth. sie im Kap. 12 aufgezeichnet hat. Jesus tat zwei Wunder: Er heilte einen Mann, der eine unbrauchbare Hand hatte, eine wohl steife Hand, mit der man nicht anfassen konnte. Einem anderen Mann, der blind war und nicht sprechen konnte, schenkte er gesunde Augen und richtige Sprache. Angesichts dieser Heilungswunder verlangten einige Schriftgelehrte und Pharisäer ein Zeichen von Jesus. Eine Heuchelei sondergleichen. Sie verdächtigten Jesus, er stehe mit dem Teufel im Bund, der ihm Wunderkräfte verleihen würde. Auf diese böse Verdächtigung entgegnete Jesus mit einem prophetischen Wort: Alle Sünde und Gotteslästerung werden den Menschen vergeben, aber die Lästerung des Geistes wird den Menschen nicht vergeben, weder in dieser Welt noch in der zukünftigen. Was hat das mit der Erschaffung der Welt zu tun? Eine ganze Menge.

Hebr. 11,6: Aber ohne Glauben ist es unmöglich, Gott zu gefallen; denn wer zu Gott kommen will, der muss glauben, dass er ist, und dass er denen, die ihn suchen, ihren Lohn gibt. Wer nicht glaubt, dass Gott das Universum erschaffen hat, kann Gott nicht gefallen. Du magst denken, was macht es schon aus, ob ich Gott gefalle oder nicht? Ich habe keine Mühe, Gott die Schöpfung der Welt zuzutrauen. In der gut bezeugten Bibel steht, dass Gott die Schwerkraft aufheben und das Nichtexistente existieren lassen kann. Schon in 2. Könige; 6,5 f. wird berichtet, dass, wenn Gott will, sogar Eisen schwimmen kann. Einem jungen Mann war beim Holzfällen am Fluss Jordan eine eiserne Axt vom Stiel ins Wasser gefallen. Damals ein fast unersetzliches Werkzeug. Der Prophet Elija wusste, dass für Gott nichts unmöglich ist, und auf seinen Befehl tauchte die eiserne Axt an die Oberfläche.

Man übersieht ungläubig, welche Wunder sich bei den berichteten Speisungen ereigneten. Matthäus und Lukas berichten davon in Kap. 15 und 9. Mindestens 20.000 Menschen, darunter Frauen und Kinder, wurden mit 12 Broten und einigen Fischen satt. Alle Erklärungsversuche scheitern an der Tatsache, dass nach dem Essen grosse Reste übrig blieben, fast 20 Körbe voll.

Gerade die Reste beweisen, dass Brot und Fisch tatsächlich gegessen wurden. Es ist unmöglich, eine Erklärung zu finden.

Wie kann ein Mensch auf die Idee kommen, das Leben und alles, was existiert, sei durch zufällige Verbindungen von Stoffen und Zusammenstösse von Materie entstanden? Eine solche Fehleinschätzung beruht auf Gottlosigkeit. Wer glaubt, dass Gott ist, will wissen, was es bedeutet, Gott zu sein.

Als ich meine erste Stelle in einem von Bauern und Handwerkern dominierten Dorf antrat, wurde ich in den Turnverein eingeladen. "Wir wollen wissen, was er kann", lautete ihre Begründung. Was ich konnte, habe ich dann bei der Arbeit bewiesen, nicht im Turnverein. Was kann Gott?

In der Bibel gibt es eine Menge Hinweise auf die Macht Gottes, aber gottlose Menschen glauben nicht an die Bibel. Für sie ist die Bibel ein Buch von Legenden und unglaubwürdig, obschon es keine zuverlässigere Schrift als die Bibel gibt. Im Prophetenbuch Jesaja, Kap. 53, wird das Lebensende des verheissenen Messias, der in Jesus Christus im Volk Israel lebte und gekreuzigt wurde, so hautnah beschrieben, dass Bibelkritiker tatsächlich meinten, die ersten Christen hätten diese Prophezeiung dem Prophetenbuch Jesaja untergeschoben, um ihrer Überzeugung von Jesus Autorität zu verschaffen. Dann fand 1947 ein Hirtenjunge die Schriftrollen am Toten Meer. Unter diesen Schriftrollen befand sich auch das vollständige Buch des Propheten Jesaja. Damit war bewiesen, dass Jesaja 53 keine Fälschung war, der Text stimmt mit den späten Schriften überein.

Es ist erstaunlich, wie sorgfältig alte Dokumente über 1000 Jahre erhalten geblieben sind. Von der Zeit Moses bis zur Zeit Jesu wurden wichtige Dokumente von Sklaven abgeschrieben oder vervielfältigt. Den Sklaven wurden beigebracht, wie die Buchstaben und Schriftzeichen genau zu schreiben waren. Der Aufseher diktierte den Schreibern Buchstabe für Buchstabe, die sie aneinandergereiht auf ein Blatt schreiben mussten. Die Sklaven mussten keine ganzen Wörter schreiben, sondern nur einzelne Buchstaben und Zeichen. Sie wussten nicht, was sie schrieben, kannten die Sprache nicht, wie heute die Computer, aber die Könige konnten so Befehle an alle Provinzen gleichzeitig senden.

3 Lüge über Israel - Antisemitismus

Der Antisemitismus geht zurück auf die Erwählung der Juden zum Volk Gottes, ist judenfeindlich und manifestiert sich in der Judenverfolgung. Die Ursache der Judenverfolgungen liegt im Handeln Gottes. Es gibt eine Gemeinsamkeit zwischen Judenverfolgungen und Christenverfolgungen. Juden und Christen bekennen sich zu Gott, und wer sich zu Gott bekennt, muss damit rechnen, von den gottlosen Menschen abgelehnt zu werden.

Die Bibel berichtet von Gott, als würde er wie Menschen handeln. Anders können wir ihn nicht verstehen. Er hat den ersten Generationen die Möglichkeit gegeben, auf ihn zu hören. Niemand ausser Noah und seine Familie hörten auf Gott. 1. Mose 6. Noah war ein ganz besonderer Mensch. Nichts konnte ihn davon abhalten, Gottes Anweisungen ernst zu nehmen. Auf dem trockenen Land, weit weg vom Meer, baute er ein riesiges Schiff, das niemals zum Meer hätte transportiert werden können. Die Arche war 137 Meter lang, 23 Meter breit und 14 Meter hoch. Ich habe einmal gelesen, dass diese Masse auch noch heute im modernen Schiffbau verwendet werden. Noah konnte unmöglich mit seiner Familie alleine ein so riesiges Schiff bauen, aber keiner der Mitarbeiter wurde gerettet. So reicht auch heute die Zugehörigkeit zu einer christlichen Gemeinde ohne eine persönliche Beziehung zu Jesus nicht aus, um in die Arche, also die einzig mögliche Rettung vor dem Untergang, zu gelangen.

Vor der Sintflut muss die Gottlosigkeit der Menschen schreckliche Ausmasse angenommen haben, die wir uns kaum vorstellen können. Es ist nicht sicher auszuschliessen, dass Menschen damals mit abtrünnigen Engeln, heute würden wir sagen mit Dämonen und Ausserirdischen, gottwidrige Verbindungen eingegangen sind. Letztlich sind alle Lebewesen ursprünglich von Gott geschaffen worden. Aber es gibt eine rote Linie, die von keinem Geschöpf ungestraft überschritten werden darf. Bei der Sintflut war es Noah, der die Vernichtung der Menschheit verhindert hat. Später war es Moses, der die Vernichtung des Volkes Israel verhinderte. Vgl. 1. Mose und 5. Mose 9.

Im heutigen Zeitalter der künstlichen Intelligenz hat Gott keinen Platz im Denken des modernen Menschen, andererseits sollte die künstliche Intelligenz den Zugang zu Gott eigentlich erleichtern, denn Gott ist die höhere, die absolute Intelligenz. Gott braucht keine Roboter, keine Computer. Denn in seinem Reich sind für die Menschen tatsächlich unzählige Daten gespeichert. Von allen jemals geborenen Menschen ist das ganze Leben gespeichert. Das bestätigt Jesus in Matthäus 10,30: "Nun aber sind auch eure Haare auf dem Haupt alle gezählt." Offenbarung 20,12: " Und ich sah die Toten, Gross und Klein, stehen vor dem Thron, und Bücher wurden aufgetan. Und ein andres Buch wurde aufgetan, welches ist das Buch des Lebens. Und die Toten wurden gerichtet nach dem, was in den Büchern geschrieben steht, nach ihren Werken."

Es gibt mehrere zuverlässige Berichte von Menschen, die dem Tode nahe waren und erzählen, dass ihr ganzes Leben wie ein Film vor ihnen abgelaufen wäre. Jes. 43,24-25: "Mir hast du nicht für Geld köstliches Gewürz gekauft, mich hast du mit dem Fett deiner Opfer nicht gelabt. Aber mir hast du Arbeit gemacht mit deinen Sünden und hast mir Mühe gemacht mit deinen Missetaten. Ich, ich tilge deine Übertretungen um meinetwillen und gedenke deiner Sünden nicht." Röm. 4,7: "Selig sind die, welchen ihre Ungerechtigkeiten vergeben sind und welchen ihre Sünden bedeckt sind! Selig ist der Mann, welchem Gott die Sünden nicht zurechnet.“

4 Die allgemeinen Lügen

Wir haben uns mit der grössten Lüge und den Weltlügen, dem Antisemitismus und der Evolutionslüge beschäftigt. Bevor ich fortfahre, noch ein Rückblick auf den allseits bekannten Holocaust. Das Wort ist ein griechisches Adjektiv und bedeutet "total verbrannt". Nur durch die jahrzehntelange staatlich verbreitete Lüge, die Juden seien an allem schuld – an der Pest, an der Armut, an der Unterdrückung usw. – war es möglich, ein ganzes Volk zu verbrennen. Wenn wir von grossen, weltweiten Lügen sprechen, müssten wir konsequenterweise auch die kleinen Lügen dazuzählen, denn diese sind bis in die letzten Winkel und Verstecke der Erde verbreitet, aber oft nur wenigen, ja sogar nur dem Lügner selbst bekannt.

Für den Belogenen kann eine Lüge den Tod bedeuten. Da ist ein Mann, der sein ganzes Arbeitsleben lang auf vieles verzichtet hat, um genügend Geld für das Alter zu sparen. Unerwartet bekommt er Besuch von einem elegant gekleideten Mann mit tadellosem, unaufdringlichem Benehmen. Der Fremde erkundigt sich nach dem Wohlergehen seiner Kinder und ist erstaunlich gut über sein

Privatleben informiert. Woher er das alles wisse, fragt der Rentner. "Ich bin mit Herrn X, Ihrem Arbeitskollegen, befreundet, er hat mich zu Ihnen geschickt, ob Sie nicht auch bei einem Projekt mitmachen möchten. Es geht um viel Geld, aber es lohnt sich, denn es geht um grosse Rendite. Die kleinste Summe, mit der man sich beteiligen kann, sind 250.000 Schweizer Franken. Das ist einmalig. Unter einer Million Franken kommt sonst niemand an solche Renditeobjekte. Überlegen Sie, in einem Jahr verdienen Sie 30.000 Franken. Warum müssen nur die Reichen so hohe Gewinne von 10 bis 20 Prozent machen?" Nach kurzer Zeit wurde dem Rentner klar, dass er auf eine weltweit operierende, kriminelle Organisation hereingefallen war. Solche Betrüger sammeln Familiendaten, die Betrogenen merken nicht, wie raffiniert diese kriminell genutzt werden. Es gibt kriminelle Menschen, die sich so vertrauenswürdig geben, dass niemand etwas Böses ahnt.

Drei Beispiele von Kleinkriminalität, auf die ich hereingefallen bin: Eine berufstätige Frau bat mich verzweifelt um 1000 Franken. Sie habe vor Monaten einen dummen Verkehrsunfall verursacht und müsse 1000 Franken Busse bezahlen. Sie habe das Geld nicht, und wenn die Busse in Haft umgewandelt werde, verliere sie ihre Arbeit.

Ein anderes Mal kam dieselbe Person mit einer Freundin angefahren. Sie hätten unwissentlich falsch geparkt, ihr Auto sei von der Polizei abgeschleppt worden und könne nur für 1000 Franken abgeholt werden. Sie könne das Geld am nächsten Zahltag zurückzahlen, brauche das Auto aber unbedingt sofort. Die Freundin bestätigte die ganze Geschichte. Es kam noch schlimmer. Dieselbe Person hatte immer behauptet, ihr Mann würde sie misshandeln, deshalb glaubte ich ihr, als sie sagte, sie habe die Scheidung eingereicht, da gewalttätige Ehemänner nicht selten der Grund für Ehescheidungen sind. Sie verlangte viel Geld für ihren Scheidungsanwalt. Dieser arbeite nur gegen Vorkasse. Alles sei geregelt, ihr Anwalt sei überzeugt, dass sie den Prozess gewinnen werde, dann könne sie alles zurückzahlen. Die genannte Person lebt von ihrem Mann getrennt, ohne dass es zu einer Gerichtsverhandlung kam.

Für kriminelle Menschen gibt es keine Grenzen der Lüge. Die Lüge kennt tatsächlich keine Grenzen. Ob durch einen Betrug ein Mensch so zugrunde gerichtet wird, dass er keinen anderen Ausweg mehr sieht als den Tod, ist diesen Lügnern und Betrügern völlig gleichgültig. Sie haben nur das Geld im Sinn. Die Sache mit der nicht bezahlbaren Busse und dem beschlagnahmten Auto und dem Scheidungsanwalt war frei erfunden. Wer noch nie mit kriminellen Menschen zu tun hatte, kann nicht glauben, dass es Menschen gibt, die kein Gewissen mehr haben. Diese Menschen kalkulieren die Verschwiegenheit der Betrogenen in ihre Lügen ein. Niemand möchte von seinen Mitmenschen als Dummkopf beurteilt werden, der den Lügnern mehr geglaubt hat als denen, die gewarnt haben, die Finger von allen Geldforderungen zu lassen.

Viele kleine Lügen drehen sich um die Gesundheit und können die Wahrheit vergrössern oder verkleinern. Will man sich vor einer Arbeit drücken, lügt man über Schmerzen und Unwohlsein, will man aber eine willkommene Einladung nicht absagen, geht man hin, obschon es vernünftig wäre, wegen Unwohlsein abzusagen. Dass wir Menschen es mit der Wahrheit nicht immer so genau nehmen, beweist die Tatsache, dass man, wenn die Wahrheit todsicher sein muss, sagt: Aber ganz ehrlich, es ist 100% richtig, was ich sage. Wären wir immer ehrlich, wären solche Wahrheitsbeteuerungen überflüssig. Wie oft telefonieren wir oder drücken vergeblich auf den Klingelknopf an der Haustür, wohl wissend, dass jemand zu Hause ist. Den Angerufenen kommt das Klingeln ungelegen, sie sollen ein andermal kommen. Man lügt, indem man vorgibt, nicht zu Hause zu sein.

Es gibt in der Apostelgeschichte eine seltene Begebenheit. Die ersten Anhänger Jesu wurden von Männern angeführt, die drei Jahre lang mit Jesus gelebt haben. Diese ersten Christen lebten in dem Glauben, dass der von den Toten auferstandene Messias, der 40 Tage nach seiner Auferstehung in den Himmel gefahren war, bald wieder vom Himmel zurückkehren würde. Sie lebten in Gütergemeinschaft und richteten eine gemeinsame Kasse ein. Aus dieser Kasse wurden Witwen und andere Armen unterstützt. Nach der Apostelgeschichte 6,1 funktionierte die tägliche Versorgung nicht ganz reibungslos. Besonders die zugewanderten, griechisch sprechenden Gemeindemitglieder fühlten sich benachteiligt. Die junge Christengemeinde wuchs schnell auf mehrere tausend Mitglieder an und brauchte eine grössere Verwaltung.

Da die Apostel viel Zeit mit administrativen Arbeiten verbrachten und bald zu wenig Zeit für Verkündigung und Seelsorge hatten, wurden sieben Diakone gewählt, die die Apostel von organisatorischen Arbeiten entlasten sollten. In Apostelgeschichte 6 wird von diesen Ereignissen berichtet. Einer dieser auserwählten Diakone wurde der erste Märtyrer der neuen Gemeinde: Stephanus. Dieser Mann vollbrachte in Jerusalem so grosse Wunder, dass sogar die Besucher der Stadt auf ihn aufmerksam wurden. Offensichtlich heilte Stephanus viele kranke und behinderte Menschen, so dass auch nichtjüdische Stadtbesucher das Gespräch mit ihm suchten. Bemerkenswert ist, dass es Juden waren, die, weil sie Stephanus nicht widerlegen konnten, ihn bei den religiösen Führern des Volkes anklagten. Die Hohenpriester, der amtierende und der vorige, sowie die Schriftgelehrten und Ratsmitglieder wiegelten das Volk so auf, dass es Stephanus steinigte. Das war das Ende der jungen Christengemeinde in Jerusalem.

Wir wissen nicht, wie viele sich durch die ausgebrochene, grosse Verfolgung retten konnten. Von den mehreren tausend Mitgliedern waren nur wenige übrig geblieben. Die tägliche Versorgung der Witwen und anderer Bedürftiger musste eingestellt werden. Die Gemeinde verarmte, sonst hätte der spätere Apostel Paulus nicht unter Lebensgefahr Hilfe nach Jerusalem gebracht. Apg. 21.

Im Rückblick erkennen wir, dass die erste grosse Christenverfolgung der Beginn der weltweiten Ausbreitung des Evangeliums war. Unter den uns bekannten Zeugen der Ausbreitung des Evangeliums in der Frühzeit ragen zwei Männer heraus: Petrus und Paulus. Ich möchte Paulus mit Moses vergleichen. Mose wurde am ägyptischen Königshof auf sein hohes Amt vorbereitet. In Ägypten lernte er lesen und schreiben, lernte Volkswirtschaft, Volksführung und Kriegsführung. Er lernte alles, was ein Nachfolger Pharaos, ein Prinz, lernen musste. So war er vorbereitet auf sein anspruchsvolles Amt, die Führung des Volkes Israel.

Ähnlich scheint es mir bei Paulus zu sein. Lange bevor Jesus ihn in seinen Dienst berief, war Paulus zum Schriftgelehrten ausgebildet worden. Nach Apostelgeschichte 22,3 war er Schüler des anerkannten Schriftgelehrten Gamaliel. Da für einen jüdischen Schriftgelehrten nicht nur die Theologie, also die Lehre von Gott, wichtig war, sondern auch die Kenntnis des ganzen Gesetzes, kannte Paulus das biblische und römische Recht. Für die Juden ist das Alte Testament nicht nur Kirchen- und Glaubenslehre, sondern auch Staatsverfassung. Bei seiner Tätigkeit in weiten Teilen des römischen Reiches konnte Paulus von seinem grossen Wissen Gebrauch machen. In Apostelgeschichte 22,25 wehrt sich Paulus gegen die Geisselung, indem er sich auf sein römisches Bürgerrecht beruft. Siehe auch Kap. 16,37. Gewiss macht Gott von dem Gebrauch, was ein Mensch gelernt hat. Man denke nur an den Künstler Hiram von Tyrus, der alle Kunstwerke aus Eisen für den Tempel in Jerusalem schuf. Nicht zu verwechseln mit dem König Hiram von Tyrus. Im 2. Buch Mose 35,30-35 steht etwas sehr Interessantes über einen Künstler: "Und Mose sprach zu den Israeliten: Sehet, der HERR hat mit Namen berufen den Bezalel, den Sohn Uris, des Sohnes Hurs, vom Stamm Juda, Vers 31, und hat ihn erfüllt mit dem Geist Gottes, dass er weise, verständig und geschickt sei zu jedem Werk, kunstreich zu arbeiten in Gold, Silber und Bronze, Edelsteine zu schneiden und einzusetzen, Holz zu schnitzen, um jede kunstreiche Arbeit zu vollbringen. Vers 34. Und er hat ihm auch die Gabe zu unterweisen ins Herz gegeben, ihm und Oholiab, dem Sohn Ahisamachs, vom Stamm Dan. Er hat sie mit Verstand erfüllt, zu machen alle Arbeiten des Goldschmieds und des Kunstwebers und des Buntwebers mit blauem und rotem Purpur, Karmesin und feinem Leinen und des Webers, dass sie jedes Werk ausführen und kunstreiche Entwürfe ersinnen können."

Gott braucht beide, die Gebildeten und die, die nie eine Schule besuchen konnten. Wir haben zwei grosse Beispiele in der Bibel: Mose und Joschua, Paulus und Petrus.

Mose war hochgebildet, niemand in ganz Israel war so gebildet. Joschua, sein Nachfolger, hatte niemals eine so umfassende Ausbildung wie der zum Nachfolger Pharaos ausgebildete Moses, aber Joschua hatte ein unerschütterliches Gottvertrauen. Joschua 10,12: Da redete Joschua mit dem Herrn des Tages, da er die Amoriter dahingab vor den Kindern Israel, und sprach in Gegenwart ganz Israels: Sonne, stehe still zu Gibeon und Mond, im Tal Ajalon! Da standen die Sonne und der Mond still, bis dass sich das Volk an seinen Feinden rächte. Also stand die Sonne mitten am Himmel und verzog unterzugehen beinahe einen ganzen Tag. Und war kein Tag diesem gleich, weder zuvor noch danach, da der Herr der Stimme eines Mannes gehorchte, denn der stritt für Israel.

Das Gesetz Gottes ist für die Juden nicht nur Katechismus, sondern auch Staatsverfassung. Die Rabbiner kannten sicher auch die Staatsverfassung der Weltmacht Rom. Im Vergleich zu Paulus war Petrus wenig gebildet, aber ein Führertyp und unternehmungsfreudig. Immerhin führte er einen grösseren Fischereibetrieb mit mehreren Angestellten. Nach Lukas 5,10 waren seine Teilhaber die Brüder Jakobus und Johannes. Petrus war eine Art Anführer unter den Jüngern, er nahm in der jungen Kirche eine hohe Stellung ein. Matthäus 16,19: "Und ich will dir des Himmelsreichs Schlüssel geben: alles, was du auf Erden binden wirst, soll auch im Himmel gebunden sein, und alles, was du auf Erden lösen wirst, soll auch im Himmel los sein." Für Paulus ist Jesus der Frieden mit Gott für Juden und Heiden, Eph. 2,13f. Für Petrus ist Jesus das Fundament, der Eckstein. 1. Petrus; 2,6.

Man kann diese Bibelstelle vom Schlüssel zum Himmelreich unterschiedlich deuten, aber sicher ist, dass Jesus dem Petrus, einem Mann ohne Universitätsbildung, ein grosses Kompliment macht. Jesus freute sich, dass sein himmlischer Vater dem Petrus die Wahrheit über Jesus offenbarte. Die römisch-katholische Kirche betrachtet den Papst als Nachfolger des Petrus. Soweit der Papst Jesus als den wahren und einzigen Christus bekennt, ist er auf dem rechten Weg. Inwieweit die Verheissungen Jesu an Petrus auf die Diener der katholischen Kirche übertragen werden können, muss die Kirche selbst entscheiden.

Wir sind immer noch beim Thema "Die einfachen persönlichen Lügen". In drei Sendschreiben entlarvt Jesus so genannte fromme Gemeindemitglieder als Lügner. Es sind Lügner in allen Sendschreiben, aber in dreien werden sie ausdrücklich von Jesus selbst genannt. Siehe Offenbarung 2,2, 2,9 und 3,9. Es gibt immer Menschen, die mehr sein wollen, als sie sind. Sie verleihen sich akademische Titel oder geben sich als diplomierte Fachleute aus.

In der neuen Christengemeinde von Ephesus gab es Juden, die sich als Apostel, also als Gesandte Jesu, ausgaben. In Wirklichkeit waren sie böse, sie waren Lügner. In der Christengemeinde von Smyrna gab es Juden, die sich als bessere Christen ausgaben. In Wirklichkeit waren sie Jünger des Satans.

Es gab sie schon immer, die Menschen, die mehr sein wollten, als sie waren. Es waren schon mehrfach falsche Ärzte tätig, sogar in Spitälern. Meistens haben solche Menschen nicht viel Schaden angerichtet. Ein falscher Tierarzt konnte einmal lange Zeit grosse Rechnungen ausstellen, bis er wegen tödlichen Fehlbehandlungen entlarvt wurde. Wenn es aber bei Menschen um das ewige Leben geht, ist jede falsche Wegweisung verhängnisvoll.

Im Alten Testament sind falsche Propheten eine tödliche Bedrohung, sie müssen getötet werden. Im 5. Buch Mose 13 befiehlt Gott, die falschen Propheten zu steinigen. Das Volk Israel ist ein Beispiel für die ganze Welt, wo die Menschen enden, wenn sie Gott verlassen. Jesus selbst verurteilt diejenigen zum Tode, die ein Kind, das an ihn glaubt, vom wahren Glauben abbringen wollen. Matthäus 18,6: "Wer aber ärgert diese Geringsten einen, die an mich glauben, dem wäre es besser, dass ein Mühlstein an seinen Hals gehängt und er ersäuft werde im Meer, wo es am tiefsten ist."

Was für grosse Verantwortung tragen alle falschen Propheten. Das sind alle Menschen, die das Wort Gottes verachten, die sagen, das braucht man nicht, das gibt es nicht, oder die etwas anderes an die Stelle Gottes setzen.

Der Abschnitt "persönliche Lüge" wäre arm ohne eine der bekanntesten Lügen des Neuen Testaments, Apostelgeschichte 5. In 4,32 steht: "Die Menge der Gläubigen aber war ein Herz und eine Seele; auch nicht einer sagte von seinen Gütern, dass sie sein wären, sondern es war ihnen alles gemeinsam." Dann wird der später zum Freund des Apostel Paulus gewordene Levit Barnabas hervorgehoben, ein Zugewanderter aus Zypern. Dieser Mann verkaufte ein wertvolles Grundstück und gab den gesamten Erlös in die Gemeinschaftskasse, die von Petrus und den anderen Aposteln verwaltet wurde. Es steht in Kap. 4,34: "Es war auch keiner unter ihnen, der Mangel hatte; denn wieviel ihrer waren, die da Äcker oder Häuser hatten, die verkauften sie und brachten das Geld des verkauften Guts den Aposteln." Dass Barnabas namentlich genannt wird, deutet darauf hin, dass es sich um etwas Besonderes handelte. Ein Ehepaar aus der Gemeinde wollte es Barnabas gleichtun und verkaufte ebenfalls ein wertvolles Grundstück. Im Unterschied zu Barnabas behielt es aber einen Teil für sich. Dieses Vorgehen war absolut legal. Niemand verlangte von dem Ehepaar, den gesamten Erlös abzugeben. Die Lüge bestand darin, dass sie behaupteten, den Aposteln den ganzen Erlös zu bringen. Petrus sagte zum Spender Ananias: "Du hast nicht Menschen, sondern Gott belogen." In diesem Augenblick fiel Ananias tot um. Nach drei Stunden kam auch die Ehefrau Saphira in die Gemeinde und zu Petrus. Er fragte Saphira: Habt ihr das Grundstück so teuer verkauft? Saphira beteuerte, dass das abgegebene Geld alle sei. Bei dieser Lüge fiel auch Saphira tot um.

Wir fragen: Warum hat Petrus den Spendern nicht die Möglichkeit gegeben, alles wieder gut zu machen? Petrus hätte zu Ananias sagen sollen: "Wenn du behauptest, mehr habe ich für das Grundstück nicht bekommen, dann betrügst du Gott. Sage die Wahrheit oder bringe, was du für dich und deine Frau behalten hast, dann hast du ein gutes Gewissen."

Wir stehen hier am Anfang der Gemeinde Jesu Christi, die alle Gläubigen vereint, Juden und Nichtjuden. Hier hat Jesus selbst ein Zeichen gesetzt, wie heilig die neue Gemeinde sein soll, wie es im Hebräerbrief 12,14 heisst:" Jagt dem Frieden nach mit jedermann und der Heiligung, ohne die niemand den Herrn sehen wird."

Der Tod des Ananias und der Saphira erinnert an das grausame Gericht über Achan in Joschua. Auch das Volk Israel stand am Anfang eines neuen Lebens. Es hat fast ein halbes Jahrtausend in Ägypten gelebt und ist 40 Jahre durch die Wüste gewandert. Nun sollen sie das verheissene Land in Besitz nehmen, das ihre neue Heimat werden soll. Die erste grosse Stadt, Jericho, fiel ihnen kampflos in die Hände.

Das nächste Ziel war eine kleine Stadt namens Ai. Die Soldaten, die den Ort besichtigten, sagten zum Anführer des Volkes: "Joschua, sende nicht das ganze Heer. Mehr als 3000 Soldaten sind nicht nötig, um den Ort zu erobern." Aber die Soldaten wurden zurückgeschlagen und verloren den Mut.

Um es kurz zu erklären. Das Volk Israel stand am Rande des Landes, das es erobern sollte. Dieses Land war besiedelt. Joschua 3,10: "Daran sollt ihr merken, dass ein lebendiger Gott unter euch ist und dass er vor euch vertreiben wird die Kanaaniter, die Hetiter, Hiwiter, Perisiter, Girgasiter, Amoriter und Jebusiter." Das war eine gewaltige Aufgabe, denn diese Völker hatten gut ausgebildete Armeen und stark befestigte Städte. Joschua wusste, dass die Zukunft seines Volkes vom Sieg über diese Völker bestimmt wurde. Die erste Stadt, die es zu erobern galt, Jericho, war kampflos gefallen, und bei der zweiten Stadt, Ai, wurde sein Heer zurückgeschlagen, 36 Soldaten wurden erschlagen. Joschua bekam zu Recht Angst. Er befürchtete, dass sich die genannten Völker nach dieser Niederlage gegen Israel verbünden und es vernichten würden. Auf das Stossgebet von Joschua und seiner Beamten antwortete Gott. Ohne die Hilfe Gottes war Joschua den vor ihm stehenden Völkern ausgeliefert. Gott erklärte Joschua die Niederlage. Ein Israelit soll bei der Eroberung Jerichos verbotenerweise Sachen gestohlen haben. Interessanterweise sagte Gott nicht, wer es war, aber er sagte, was mit ihm zu geschehen hatte: Er musste verbrannt werden. Früh am nächsten Tag liess Joschua das Volk nach Stämmen und Sippen antreten. Das Los fiel auf den Stamm Juda und die Sippe der Serachiter. Die Männer mussten antreten, und aus ihrer Mitte wurde Achan ausgewählt. Joschua befahl Achan, alles zu erzählen, was er gestohlen hatte. Der Diebstahl umfasste einen Stab Gold, 200 Schekel Silber und einen kostbaren Mantel aus Schinar. Das Diebesgut hatte Achan in seinem Zelt vergraben. Daraufhin erfolgte die furchtbare Strafe. Alle wurden gesteinigt und anschliessend verbrannt. Über den Toten und ihrer ganzen Habe wurde ein riesiger Steinhaufen errichtet. Nicht immer musste alles eroberte Gut vernichtet werden, manchmal durften sie Gross- und Kleinvieh mitnehmen, aber zu Beginn des grossen Feldzugs hatte Gott ein Exempel statuiert.

5. Berechtigte Lügen

Auf den ersten Blick denkt man an das achte Gebot: (sinnbestimmt) Du sollst die Wahrheit sagen. Aber es gibt Situationen, in denen sich mehrere Gebote widersprechen. Ein Beispiel.

Die Polizei fragt: Haben Sie einen Flüchtling versteckt? Die Wahrheit zu sagen, bedeutet den sicheren Tod der versteckten Person und verstösst gegen das fünfte Gebot: Du sollst nicht töten. Ein bekanntes Beispiel findet sich in Joschua 2, die Spione, die Rahab versteckt hatte. Die Wahrheit hätte den Spionen den sicheren Tod gebracht, die Stadttore waren verschlossen, eine Flucht war nur nachts durch einen geheimen Ausgang möglich. Es ärgert mich immer wieder, wenn mit Nachdruck von der "Hure Rahab" gesprochen wird. Rahab hatte eine kleine Herberge in einem Haus, das einen kleinen Teil der Stadtmauer bildete. Es ist unwahrscheinlich, dass die beiden Kundschafter Kontakt zu Huren suchten, sondern eher zu einer Frau, die eine kleine Herberge betrieb. Im Jakobusbrief, Kap. 2,25, wird die berechtigte Lüge der Rahab bestätigt. Mit ihrer berechtigten Lüge, die Kundschafter seien längst verschwunden, hatte sie sich und ihren Angehörigen das Leben gerettet.

Die Lüge im Krieg nimmt einen besonderen Platz ein. Gott fordert Israel auf, mit Verstand Krieg zu führen. Irreführungen und Lügen sind in allen Kriegen tödliche Waffen. Im gegenwärtigen Krieg in der Ukraine hat ein ukrainischer Generalstab kürzlich bekannt gemacht, dass eine russische Spionin gefasst worden sei. Das muss von grosser Bedeutung sein, sonst wäre es keine Meldung wert.

Wie eine Kriegslüge einen grossen Krieg entscheiden kann, berichtet das kleine Buch Judith. Auch wenn dieser Bericht nicht den Stellenwert anderer Bücher der Bibel hat, so stimmt er doch mit den Grundzügen der Bibel überein, dass wir Gottes Wege nie ganz verstehen können. Sieben Völker sollte Israel vernichten, um das Land für sich zu gewinnen. Nur Gott kann sich eine solche Politik erlauben. Denken wir an die berühmten Worte Gottes in Jesaja 43,4: "Weil du teuer bist in meinen Augen und herrlich und weil ich dich lieb habe, gebe ich Mensch an deiner statt und Völker für dein Leben." Wir können solche Taten niemals verstehen. Wir müssen unseren Verstand unter die Worte Jesu stellen: "Ich bin nicht allein". Johannes 16,32. Jesus hat den Himmel verlassen und ist Menschensohn geworden. Er hat mehr für uns gegeben, als wir erkennen, zuletzt das Leben in der Gestalt des Menschensohnes. Alles schien verloren, vergeblich zu sein. Das Einzige, was ihm blieb: "Ich bin nicht allein, denn der Vater ist bei mir." Gott ist Gerechtigkeit, Psalm 71,19: "Gott, deine Gerechtigkeit ist hoch, der du grosse Dinge tust. Gott, wer ist dir gleich?" Jesus lehrt uns zu beten: Unser Vater im Himmel, dein Name werde geheiligt.

Jesus stellt hohe Anforderungen an seine Jünger, die niemand erfüllen kann. Nüchtern betrachtet müsste man sagen: Finger weg von so einer Freundschaft. Am bekanntesten ist die Berufung des Propheten Jesaja, Kap. 6,5: "Da sprach ich: Wehe mir, ich vergehe! Denn ich bin ein Mann von unreinen Lippen und wohne unter einem Volk, das auch unreine Lippen hat. Denn meine Augen haben den König, den Herrn der Heerscharen gesehen!"

Dort erfahren wir weiter, was er braucht, um Gott dienen zu können: "Siehe, hiermit sind deine Lippen berührt, dass deine Schuld von dir genommen werde und deine Sünde gesühnt sei." Ohne Vergebung der Sünden soll niemand das Wort Gottes in den Mund nehmen. Die höchste Eigenschaft Gottes hat uns Jesus im Vaterunser gelehrt, Matthäus 6,9: "Deshalb sollt ihr so beten: Unser Vater, der du bist im Himmel, geheiligt werde dein Name!" 3. Mose 11,44: "Denn ich, der Herr, bin euer Gott; darum sollt ihr euch heiligen und sollt heilig sein, denn ich bin heilig, und ihr sollt eure Seelen nicht verunreinigen."

In Offenbarung 4,8 sieht Johannes vor dem Thron Gottes vier grosse Gestalten, Repräsentanten der unendlichen Herrschaft Gottes, mit je sechs Flügeln bekleidet, die Tag und Nacht ohne Unterlass rufen: "Heilig, heilig, heilig ist der Herr, Gott, der Allmächtige, der war und der ist und der kommt. Die Bibel nennt noch andere wichtige Eigenschaften Gottes wie Liebe, Barmherzigkeit, Langmut, Güte, Gnade und Friede, aber das Wort "heilig" im vollendeten Sinn kann nur Gott sein, wobei ich auch an die wenig beachtete Eigenschaft "Eifersucht" denke. 5. Mose 32,16. Wir können Gottes Handeln nicht verstehen. Für Gott gibt es keine Grenze zwischen Leben und Tod. Wir sehen nur, was bis zum Tod geschieht. Was nach dem Tod geschieht, wissen wir nicht. Gott weiss es. Für Menschen, die für uns sinnlos aus dem Leben gerissen wurden, geht das Leben nach dem Tod in einer uns unbekannten Umgebung weiter. Gott hat einzelnen Menschen einen Einblick in die Zeit nach dem Tod gegeben, aber nie einen himmelweiten. Paulus durfte einen Blick in den Himmel werfen, aber er sah nicht, was mit den Tausenden geschieht, die täglich aus den unterschiedlichsten Gründen sterben. Eine Tatsache ist allen lesekundigen Menschen, die Zugang zur Bibel haben, bekannt: Im Tod verschwindet der Mensch nicht, er kommt in den Warteraum bis zum Jüngsten Gericht.

Wir wissen wenig über den Aufenthalt nach dem Tod, aber doch so viel, dass er sehr unterschiedlich ist, denn Jesus sagt, dass nicht alle Menschen in das Gericht kommen. Johannes 5,24: Wahrlich, wahrlich, ich sage euch: Wer mein Wort hört und glaubt dem, der mich gesandt hat, der hat das ewige Leben und kommt nicht ins Gericht.

Wo immer wir an die Grenzen unseres Gottesverständnisses stossen, müssen wir an seine Eigenschaft als göttlicher Vater der Gerechtigkeit denken. Mein Verstand empfindet es als ungerecht, dass Gott für ein auserwähltes Volk unzählige Menschen sterben lässt, darunter auch solche, die noch nicht einmal geboren sind. Wir wissen nicht, was mit diesen Menschen im Tod geschieht. Gott weiss es, und er wird die Toten ebenso gerecht behandeln wie die Lebenden. Die Toten werden sich wie die Lebenden für oder gegen Gott entscheiden können. Für Gott gibt es unsere Ungewissheit über den Tod nicht. Er ist der einzige Vater, der diesen Namen überall zu Recht trägt.

Wir sind immer noch beim Thema "Berechtigte Lügen". Ich denke an zwei wichtige Männer in der Geschichte Israels, Abraham und David. Zweimal hat Abraham nur die halbe Wahrheit gesagt: 1. Mose 12,22 und 20,2. Abraham hatte Angst, dass die Herren des Landes, in dem er sich niederlassen wollte, ihn töten würden, um seine schöne Frau zu nehmen. Deshalb befahl er seiner Frau, sie dürfe nichts sagen, dass sie seine Frau sei, sondern seine Schwester. Tatsächlich hatte Abraham recht mit seinen Befürchtungen. Das erste Mal wollte der König von Ägypten seine Frau, das zweite Mal der König der Stadt Gerar. Beide Male verhinderte Gott, dass seine schöne Frau angerührt wurde. Das bedeutet, dass Gott diese Halbwahrheiten Abrahams nicht verurteilte.

Genauso wenig verurteilte Gott David wegen seiner Lüge, er sei wahnsinnig, geisteskrank geworden und wehrlos. 1. Samuel 21,13f. Diese Lüge, dieses Vortäuschen eines Wahnsinns hat David das Leben gerettet. Achisch, der König der Philisterstadt Gat, liess David als geistig schwerbehinderte Person laufen.

Wir stehen mitten in einer Geschichte, die unser Verstand nicht begreifen kann. Der Priester Ahimelech in der Stadt Nob versorgte David und seine verbündeten Krieger mit geweihtem Brot und dem Schwert Goliaths. Das erzürnte König Saul so sehr, dass er alle 85 Priester töten liess, obwohl sie Saul versichert hatten, dass sie ihn, Saul, weiterhin als König Israels anerkennen würden. Doeg, ein moabitischer Söldner in Sauls Truppe, hatte die Versorgung Davids durch die Priester in Nob mitbekommen und alles an Saul verraten. Dieser Doeg war bereit, alle 85 Priester von Nob zu töten. Der Weg Davids zum König Israels war ein blutiger Weg. Wenn man sich vorstellt, dass Millionen von Menschen für das Volk Israel weichen mussten, ist es nicht verwunderlich, dass es Theologen gibt, die meinen, der Gott Israels im Alten Testament sei nicht identisch mit dem Gott Israels im Neuen Testament. Wer aber der Wahrheit folgt, weiss, dass solche Ansichten vom Urheber der Lüge, von Satan, kommen.

9. Wer ist Satan?

Die wichtigste Charakterisierung des Satans hat uns der gegeben, der es wissen musste: Jesus selbst. Johannes 8,43 f.: "Warum versteht ihr nicht, was ich sage? Weil ihr nicht imstande seid, mein Wort zu hören. Ihr habt den Teufel zum Vater, und ihr wollt das tun, woran es euren Vater verlangt. Er war ein Mörder von Anfang an. Und er steht nicht in der Wahrheit, denn es ist keine Wahrheit in ihm. Wenn er lügt, sagt er das, was aus ihm selbst kommt, denn er ist ein Lügner und der Vater der Lüge."

Es fällt auf, wie eindringlich Jesus die Menschen vor dem Teufel warnt. Johannes 8,46: Wenn ich die Wahrheit sage, warum glaubt ihr mir nicht? Wer aus Gott ist, der hört die Worte Gottes; ihr aber hört sie deshalb nicht, weil ihr nicht aus Gott seid.

In Offenbarung 9,7 f. wird Satan Drache und alte Schlange genannt. Dies erinnert an die Schlange im Paradies. In einem Naturfilm wurde gezeigt, wie eine giftige Schlange tötet. Aus ihrer raffinierten Tarnung heraus schlägt sie blitzschnell mit weit aufgerissenem Maul ihre spitzen Giftzähne der ahnungslosen Maus in den Pelz. Dann zieht sie sich in ihr getarntes Versteck zurück. Die Maus springt erschrocken davon und erliegt nach etwa Minuten dem Gift. Erst nach einiger Zeit macht sich die Schlange auf, findet die tote Maus und verschlingt sie in einem Stück. Im 3. Kapitel der Bibel, 1. Mose 3,1 f. wird allegorisch erzählt, wie raffiniert der Teufel lügt: Die Schlange war listiger als alle Tiere des Feldes, die Gott, der Herr, gemacht hatte. Sie sagte zu Eva: "Hat Gott wirklich gesagt, ihr dürft von keinem Baum des Gartens essen?" Eva entgegnete der Schlange: "Von den Früchten der Bäume im Garten dürfen wir essen, nur von den Früchten des Baumes, der in der Mitte des Gartens steht, hat Gott gesagt: Davon dürft ihr nicht essen und daran dürft ihr nicht rühren, sonst werdet ihr sterben." Darauf sagte die Schlange zu Eva: "Nein, ihr werdet nicht sterben. Gott weiss vielmehr: Sobald ihr davon esst, gehen euch die Augen auf; ihr werdet wie Gott und erkennt Gut und Böse." Da sah Eva, dass es köstlich war, von dem Baum zu essen, und dass der Baum eine Augenweide war und dazu verlockte, klug zu werden. Sie nahm von seinen Früchten und ass. Und sie gab auch ihrem Mann, der bei ihr war, und auch er ass. Adam, der bei Eva war, wusste, dass seine Frau etwas Verbotenes tat. Sie durften den Baum nicht einmal berühren.

Wie gierig Menschen nach verbotenen Früchte sein können, erlebte ich 1963. Ich hatte einen wunderschönen Zwetschgenbaum, nur 200 Meter vom Haus entfernt. Es war der einzige Baum auf der kleinen Wiese, die zum Haus gehörte. Der Baum war im ertragreichsten Alter und trug über 100 kg reife Früchte. Ich sagte zu meinen Mietern, tüchtige Arbeiter in einem Holzwerk und einer Ziegelei: "Ihr dürft so viele Zwetschgen vom Baum holen, wie ihr wollt." Leider vergass ich, ihnen zu sagen, dass sie Leitern von ihrem Arbeitsplatz mitbringen müssen. Es waren ja einfache Arbeiter aus Mazedonien und dem Kosovo, die zu Hause auch Obstbäume hatten. Als die Männer nicht mehr an die Zwetschgen herankamen, rissen sie gemeinsam einen Hauptast herunter und zerstörten den ganzen Baum. Ich hielt es für unmöglich, dass man einen Baum mit einem Stamm von mindestens 30 cm und Ästen von mehr als 10 cm zerreissen kann. Wenn ein Baum in einem grossen Baumgarten zerstört wird, kann der Verlust eher verkraf-

tet werden, aber die Zerstörung dieses einzelnen Baumes kann ich nicht aus meinem Gedächtnis streichen. Ich habe in meinem ganzen Leben nirgendwo so viel Unverstand angetroffen.
Wir wollen hier einmal einige Aussagen über Satan betrachten: Johannes 12,28 ff.: "Vater, verherrliche deinen Namen. Da kam eine Stimme vom Himmel: Ich habe ihn verherrlicht und will ihn abermals verherrlichen. Da sprach das Volk, das dabeistand und zuhörte, es habe gedonnert. Andere sagten, ein Engel habe mit ihm geredet. Jesus aber antwortete und sprach: Die Stimme ist nicht um meinetwillen geschehen, sondern um euretwillen. Jetzt geht das Gericht über die Welt; jetzt wird der Fürst dieser Welt hinausgeworfen werden." Dazu Kap. 16,8 ff.: "Und wenn er gekommen ist, wird er die Welt überführen von Sünde und von Gerechtigkeit und von Gericht. Von Sünde, weil sie nicht an mich glauben; von Gerechtigkeit aber, weil ich zum Vater gehe und ihr mich nicht mehr seht; von Gericht aber, weil der Fürst dieser Welt gerichtet ist."

Auf dem letzten Weg vom letzten Abendmahl in der Stadt Jerusalem zum nahegelegenen Garten Gethsemane, wo er verhaftet worden war, sagte er zu seinem Jünger Johannes 14,30: "Ich kann nicht mehr viel zu euch sagen, denn es kommt der Herrscher der Welt. Über mich hat er keine Macht (Luther übersetzt: Er hat nichts an mir). Aber die Welt soll erkennen, dass ich den Vater liebe und so handle, wie es mit der Vater aufgetragen hat."

Es ist nicht leicht zu verstehen, wie die Bibel vom Satan spricht. Einerseits sagt sie, der Teufel sei verurteilt und habe keine Macht mehr über die Menschen, Jesus habe ihn besiegt. Andererseits sagt Paulus in Epheser 6,14 ff.: "Ziehet an den Harnisch Gottes, damit ihr bestehen könnet gegen die listigen Anschläge des Teufels. Denn wir haben nicht mit Fleisch und Blut zu kämpfen, sondern mit Fürsten und Gewaltigen, nämlich mit den Herren der Welt, die in der Finsternis dieser Welt herrschen, mit den bösen Geistern unter dem Himmel."

Der Apostel Johannes schreibt in 1. Johannes 3,2: "Wir sind nun Gottes Kinder, und es ist noch nicht offenbar geworden, was wir sein werden; wir wissen aber, wenn es erscheinen wird, dass wir ihm gleich sein werden, denn wir werden ihn sehen, wie er ist."

Diese Aussage kann uns helfen zu verstehen, dass einerseits der Teufel gerichtet ist und andererseits noch so viel Unheil anrichten kann. Auf der einen Seite steht: Dazu ist erschienen der Sohn Gottes, dass er zerstöre die Werke Satans, andererseits Johannes 8,44: "Der Teufel war ein Menschenmörder von Anfang an und stand nicht in der Wahrheit, weil keine Wahrheit in ihm ist. Wenn er die Lüge redet, so redet er aus seinem Eigenen, denn er ist ein Lügner und der Vater derselben."

Wie die vollkommene Erlösung noch nicht vollbracht ist, ist auch die vollkommene Vernichtung des Teufels noch nicht verwirklicht. Wir leben noch im Fürstentum Satans. Die Bibel zeigt nur die grossen Linien der Geschichte Gottes mit der Menschheit und seiner Schöpfung. Bei der Wiederkunft Jesu wird der Satan für lange Zeit verbannt, an seinem Wirken gehindert. Die Bibel berichtet von 1000 Jahren. Ob diese Zeitspanne symbolisch oder buchstäblich zu verstehen ist, wissen wir nicht. Auf jeden Fall handelt es sich um eine begrenzte Zeit. Denn Satan wird nach der Zeit der Gefangenschaft frei gelassen. Nach der Befreiung beginnt er sein Werk von neuem und zieht einen grossen Teil der Menschen auf seine Seite und rüstet sie zum Kampf gegen die gottesfürchtigen Menschen und ihr Zentrum, die Stadt Jerusalem. Mit einer gewaltigen Übermacht zieht er über die ganze Erde und umzingelt das Lager des Volkes Gottes und Jerusalem. In Offenbarung 20,9 heisst es, dass Feuer vom Himmel fällt und die Heere des Teufels vernichtet. Satan wird dann mit seinen Lügendienern in die ewige Verdammnis geworfen.

Paulus, der wegen Satan viel gelitten hat, nennt ihn den Gott dieser Weltzeit. 2. Kor. 4. Das ist eine vielsagende Aussage in der Eigenschaft "Gott" erkennt Paulus an, dass Satan über höchste Kräfte verfügt. Das bestätigt er in Kap. 11,4, wo er sagt: Der Satan tarnt sich als Engel des Lichts.

Die Bibel berichtet noch von einer weiteren Macht des Satans: Er tritt vor Gott als Ankläger von wichtigen menschlichen Zeugen auf. Hiob 1,6: Nun geschah es eines Tages, da kamen die Gottessöhne, um vor dem Herrn hinzutreten, unter ihnen kaum auch der Satan. Hier blicken wir zurück in die Zeit, in der Satan vor Gott als Verleumder auftreten konnte. Lesen wir Sacharja 3,1 ff.: Danach liess er mich den Hohenpriester Joschua sehen, der vor dem Engel des Herrn stand. Der Satan aber stand rechts von Joschua, um ihn anzuklagen." Was geschieht mit dem Ankläger im Himmel? Offenbarung 12,7 ff.: Da entbrannte im Himmel ein Kampf. Michael und seine Engel erhoben sich, um mit dem Drachen zu kämpfen, aber sie konnten sich nicht halten und sie verloren ihren Platz im Himmel. Er wurde gestürzt, der grosse Drache, die alte Schlange, die Teufel oder Satan heisst und die ganze Welt verführt. Der Drache wurde auf die Erde gestürzt und mit ihm wurden seine Engel hinabgeworfen. Da hörte ich eine laute Stimme im Himmel rufen: Jetzt ist er da, der rettende Sieg, die Macht und Herrschaft unseres Gottes und die Vollmacht seiner Gesalbten; denn gestürzt wurde der Ankläger unserer Brüder, der sie bei Tag und Nacht vor unserem Gott verklagte.

Für Menschen, die Einblick in die himmlische Welt hatten, ist es unmöglich, das Erlebte in Worte zu fassen, aber wir können viel aus ihren Berichten lernen. Die Engel haben wie wir Menschen grosse Möglichkeiten, mit und für Gott oder gleichgültig und sogar gegen ihn zu leben. Der Erzengel Michael hat aus eigenem Beschluss für Gott und für uns Menschen gehandelt. Auch der Engel des Herrn und der Engelfürst Gabriel haben sich ohne unser Wissen für uns Menschen eingesetzt.

Aufschlussreich ist, was Jesus mit seinem Vater über sein Wirken auf Erden spricht. Johannes 17,6 ff.: Ich habe deinen Namen den Menschen offenbart, die du mir aus der Welt gegeben hast. Sie gehörten dir, und du hast sie mir gegeben, und sie haben an deinem Wort festgehalten. Sie haben jetzt erkannt, dass ich von dir ausgegangen bin, und sie sind zu dem Glauben gekommen, dass du mich gesandt hast.

Das ist das Wichtigste für Jesus, dass er Menschen fand, die in ihm die Wahrheit erkannten und an ihn glaubten. Dabei wird deutlich, dass die gläubigen Menschen auch etwas zu ihrem Heil beigetragen haben: Sie haben das Wort Gottes aufgenommen, sich daran gehalten, d.h. sie haben sich für das Wort, für Jesus, für Gott entschieden.

Satan findet tausend Wege, Menschen, die sich für Gott und sein Wort interessieren, davon abzuhalten. Die einen hält er mit Gewalt von Gott fern, andere verführt er mit Reichtum, wieder andere mit Armut, wieder andere mit Gleichgültigkeit usw. Die verschiedenen Namen Satans zeugen von seinem unheimlichen Wesen. Die Bibel nennt ihn Drache. Offenbarung 12,7 und Mörder von Anfang an. Johannes 8,44. Petrus nennt ihn den brüllenden Löwen, und Johannes nennt ihn umfassend den Bösen. 1. Johannes 2,13. Paulus nennt Satan den Gott dieser Welt. Damit sagt er: Satan ist das höchste Wesen des Bösen, nichts kann böser sein als er. 2. Kor.; 4,4. Im selben Brief schreibt Paulus, dass sich Satan sogar als Engel des Lichts verstellen kann. 2. Kor. 11,14.

Wir hätten zu wenig vom Teufel gesprochen, wenn wir nicht auch über den Ankläger der Gläubigen schreiben würden. Offenbarung 12,10: Da hörte ich eine laute Stimme im Himmel rufen: Jetzt ist er da, der rettende Sieg, die Macht und die Herrschaft unseres Gottes und Vollmacht seines Gesalbten, denn gestürzt wurde der Ankläger unserer Brüder, der sie bei Tag und bei Nacht vor unserem Gott verklagte. Hiob 1,6: Nun geschah es eines Tages, da kamen die Gottessöhne, um vor dem Herrn hinzutreten; unter ihnen kam auch der Satan. Hier sagt uns die Bibel noch einmal, mit wem wir es bei Satan zu tun haben, mit einer hohen Macht, welche die Ehre hatte, vor den Allmächtigen hinzutreten wie die anderen grossen Engel. Die beiden wichtigsten Erkenntnisse, die wir über Satan haben, sind, dass er ein Fürst der Engel war und dass er der Fürst unserer Erde ist.

Die Bibel erwähnt noch zwei weitere Engelfürsten, Gabriel und Michael. Gabriel ist der Engel, der Maria, der Mutter Jesu und dem Propheten Daniel erschien. Gabriel ist auch anderen Menschen erschienen, ohne dass sein Name genannt wird. Michael, der andere Engelfürst, erscheint ebenfalls im Prophetenbuch Daniel, wird aber am eindrucksvollsten im Buch der Offenbarung genannt. Offenbarung 12,7 ff. Michael wird als Sieger über Satan und Beschützer Israels verehrt. Kirchengeschichtlich merkwürdig ist, dass Hunderte von Kirchen und anderen Heiligtümern dem Engel Michael geweiht sind, kaum welche dem Engel Gabriel, aber beide dienen dem Volk Gottes im Namen Jesu.

Die Römer nannten den Morgenstern Venus "Luzifer", lateinisch für Lichtbringer. Der lateinische Name Luzifer wurde von den ersten Christen für den gefallenen Luzifer verwendet.

Im Johannes-Evangelium spricht Jesus mehrfach von Satan als dem Fürsten, dem Herrscher der Welt. Kap. 12,31 und 16,11. Am eindrücklichsten erscheint der Teufel als Fürst der Welt in Matthäus 4,7 ff. Der Teufel nahm Jesus abermals mit sich und führte ihn auf einen sehr hohen Berg; er zeigte Jesus alle Reiche der Welt mit ihrer Pracht und sprach zu ihm: "Das alles will ich dir geben, wenn du dich vor mir niederwirfst und mich anbetest." Da sagte Jesus zu ihm: "Weg mit dir, Satan! Denn es steht in der Schrift: Vor dem Herrn, deinem Gott, sollst du dich niederwerfen und ihm allein dienen." Achten wir darauf, dass Jesus zum Satan nicht sagt: "Du hast kein Recht, mir die Welt anzubieten." Satan bedeutet Gegner, Widersacher. Die Bezeichnung "Teufel" kommt vom griechischen Wort "diabolos" und bedeutet Durcheinanderbringer, "Verwirrer".

Jeremia 38,17: Jeremia entgegnete: "So spricht der Herr, der allmächtige Gott Israels: "Wenn du dich den Heerführern des Königs von Babel ergibst, wird deine Seele am Leben bleiben, und diese Stadt wird nicht mit Feuer verbrannt werden; und du wirst am Leben bleiben, du und dein Haus. Doch wenn du dich ihnen nicht ergibst, werden sie die Stadt erobern und in Brand stecken. Du wirst ihnen nicht entkommen." Zedekia hatte Berater um sich, die glaubten, dass Jerusalem die Belagerung standhalten würde. Die Babylonier schlugen eine Bresche in die Stadtmauer und drangen in die Stadt ein. Zedekia konnte mit den höchsten Stadtbeamten aus der Stadt fliehen. Doch die Fliehenden kamen nicht weit, schon unweit von Jericho wurden sie eingeholt und in das Hauptquartier des Königs Nebukadnezar gebracht. Der Mann, dem Gott durch den Propheten Jeremia versprochen hatte, er werde mit seiner ganzen Familie und der Stadt Jerusalem verschont, wenn er Gottes Rat befolge, musste mit ansehen, wie seine Söhne getötet und Jerusalem niedergebrannt wurde. Nachdem Zedekia das ganze Unheil gesehen hatte, wurden ihm die Augen ausgestochen. Die Ablehnung des Wortes Gottes durch Zedekia hatte nicht nur für ihn, sondern auch für seine Familie und das ganze Volk Israel schreckliche Folgen.

Ich denke auch an den weisen Rat, den die alten Beamten König Salomos seinem Sohn und Thronfolger Rehabeam gaben. Bei der Krönung Rehabeams zum König bat ihn das ganze Volk, vernünftig und milde zu sein. Sie sagten: "Dein Vater Salomo hat uns hart behandelt, mach du das Joch leichter." Rehabeam sprach zum Volk: "Kommt nach drei Tagen zu mir, dann will ich euch Antwort geben." In diesen drei Tagen suchte Rehabeam Rat bei der alten und jungen Generation. Die altgedienten Beamten gaben den Rat, auf das Volk zu hören. Wenn er milde regiere, werde das Volk ihm folgen und sein Königreich werde in Frieden leben. Die junge Generation gab dem König einen gegenteiligen Rat: Der

König solle dem Volk sagen, dass er härter regieren werde als sein Vater. 1. Könige; 12,11. Tatsächlich sagte der neue König: "Mein Joch ist schwerer, ihr seid mit Peitschen gezüchtigt worden, ich züchtige euch mit Skorpionen, mein kleiner Finger ist dick wie Lenden." Nach diesen Antworten wählten 10 Stämme ihren eigenen König. Von da an lebte das Nordreich mit der Hauptstadt Samaria mit 10 Stämmen getrennt. Das Südreich bestand aus den Stämmen Juda und Benjamin.

Wie viel Leid ist doch bis heute über das Volk Israel gekommen, weil es den guten Rat abgeschlagen hat. Wohl dem, der den Rat, die Einladung Jesu annimmt: Matthäus 11,28: Kommt alle her zu mir, die ihr mühselig und beladen seid. Ich will euch erquicken. Nehmet auf euch mein Joch und lernet von mir; denn ich bin sanftmütig und von Herzen demütig. So werdet ihr Ruhe finden für eure Seelen. Denn mein Joch ist sanft, und meine Last ist leicht.

10. Geistiges Testament – Schlusswort

Mehr als einmal wollte ich mit dem Schreiben aufhören. Zu umfangreich ist das Thema Wahrheit und Lüge. Der grösste Teil ist im Papierkorb. Aber mit 99 Jahren möchte ich allen, die ich kenne, ob verwandt oder nicht, ein Testament hinterlassen. Mein Testament ist mein Rat: Nehmt Jesus Christus in euer Herz auf. Er ist der Einzige, der durch den Tod hindurch zum ewigen Leben führen kann. Er ist uns vom wahren, allmächtigen Gott als Erlöser gesandt worden. Johannes 14,6: "Ich bin der Weg und die Wahrheit und das Leben; niemand kommt zum Vater, denn durch mich. Wenn ihr mich erkannt habt, so werdet ihr auch meinen Vater erkennen. Und von nun an kennt ihr ihn und habt ihn gesehen."

Die beiden von Jesus bevollmächtigten Gesandten Petrus und Johannes, Apostel, bezeugten von Jesus vor dem kirchlichen Gericht (Apostelgeschichte 4,11 ff.): "Das ist der Stein, von euch Bauleuten verworfen, der zum Eckstein geworden ist. Und in keinem anderen ist das Heil, auch ist kein anderer Name unter dem Himmel den Menschen gegeben, durch den sie selig werden sollen.

Es gibt eine Botschaft Jesu, die mich besonders tröstet: Johannes 16,26: "Und ich sage euch nicht, dass ich den Vater für euch bitten werde; denn er selbst, der Vater, hat euch lieb, weil ihr mich liebet und glaubet, dass ich von Gott ausgegangen bin."

Im Garten Gethsemane betete Jesus kurz vor seiner Gefangennahme zu seinen Vater: Mark. 14,35-37: "Und er ging ein wenig weiter und fiel auf die Erde; und er betete, dass, wenn es möglich sei, die Stunde an ihm vorübergehe. Und er sprach: Abba, Vater, alles ist dir möglich. Nimm diesen Kelch von mir weg! Doch nicht, was ich will, sondern was du willst!". Und wie antwortete der Vater? Er sandte einen Engel. Lukas 22,43: "Es erschien ihm aber ein Engel vom Himmel und stärkte ihn." Wir stehen hier in der grössten Entscheidungsstunde der Menschheit. Wird der zweite Adam, Jesus, der Menschensohn, den Willen Gottes erfüllen? Wir wissen nicht, wem diese Stunde schwerer fiel, dem Vater oder dem Sohn. Der allmächtige Gott wurde von seinem Sohn mit dem vertraulichen, nur von eigenen Kindern verwendeten hebräischen Wort "Abba" angesprochen. Es muss Gott eine unermessliche Überwindung gekostet haben, die Bitte seines geliebten Sohnes ablehnen zu müssen. 2. Kor. 5,19. Das alles aber ist von Gott, der uns mit sich selbst versöhnt hat durch Christus und uns das Amt gegeben hat, das die Versöhnung predigt. Denn Gott war in Christus und versöhnte die Welt mit sich selbst und rechnete ihnen ihre Sünden nicht zu und hat unter uns aufgerichtet das Wort von der Versöhnung.

So sind wir nun Botschafter an Christi Statt, denn Gott ermahnt durch uns; so bitten wir nun an Christi Statt: Lasst euch versöhnen mit Gott. Denn er hat den, der von keiner Sünde wusste, für uns zur Sünde gemacht, auf dass wir in ihm die Gerechtigkeit würden, die vor Gott gilt. Das ist das Evangelium, die frohe Botschaft. Im Glauben an Jesus auch im Tod vor Gott als Gerechte erscheinen zu dürfen.

Ich erinnere an schweres Leid, das aus der Verwerfung eines guten Rates entstanden ist. Wir gehen zurück in das Jahr 586 v. Chr. König Nebukadnezar von Babylon belagert Jerusalem. König Zedekia lässt heimlich den Propheten Jeremia rufen. Erst nachdem Zedekia Jeremia eidlich versprochen hatte, ihn nicht zu töten, teilte Jeremia dem König mit, welche Weisungen er von Gott erhalten hatte.

Wenn das Büchlein gedruckt ist, wird mein 100. Lebensjahr vorbei sein. Manch einer wird sich dafür interessieren, wie ein Hundertjähriger über sein Leben denkt. Niemand ist allein, man ist immer von Menschen umgeben. An viele denke ich mit aufrichtiger Dankbarkeit, sogar mit Freude und Hochachtung zurück. Andere haben mir das Leben schwer, manche erträglich, andere fast unerträglich gemacht. Zu den Unerträglichen gehören die, die sich auf meine Kosten bereichert haben, die mich mit Lügen betrogen haben. Zum Glück gibt es die anderen, die mir das Leben lebenswert und freundlich gemacht haben. So wie die schlechten Menschen nicht wissen, wie viel Leid sie verursacht haben, so wissen die guten Menschen nicht, wie viel Trost und Freude sie in mein Leben gebracht haben.

Walter Neukom 1944 (Hufschmiedkurs, Thun) und 80 Jahre später (2024)

Abb. 2: Die Familie Neukom-Hänseler um 1935 in Rafz CH.
Vordere Reihe von links nach rechts: Mutter Klara mit Fritzl, Walter und Vater Emil.
Hintere Reihe dito: Frieda, Johannes, (Hans) Paul, Lydia, Emil, Konrad und Wilhelm (Willi). Der jüngste Bruder war noch nicht geboren, Werner.

Zu den Menschen, an die ich mit grosser Dankbarkeit zurückdenke, gehören meine Grosseltern, Eltern und Geschwister, die bereits verstorben sind. Es ist ein unverdientes Privileg, in einer Familie aufwachsen und leben zu dürfen, die den einen wahren Gott über sich weiss.

Ich bin das siebte von zehn Geschwistern, zwei Schwestern und sechs Brüder, von denen nur noch der jüngste lebt. Meine Eltern bewirtschafteten einen kleinen Landwirtschaftsbetrieb, zu dem auch einige Parzellen mit Reben gehörten. Vater war gelernter Metzger und konnte seinen Beruf meist zu Beginn des Winters ausüben, wenn die fetten Schweine für den Eigenbedarf geschlachtet werden mussten. Nicht alle Schweine konnte Vater im Dorf alleine schlachten, aber alle wollten, dass er die Rauchwürste machte. Damit man genügend Würste machen konnte, schlachtete Vater zur Wurstzeit eine Kuh oder ein altes Pferd in der Gemeindemetzgerei. Das Kuh- oder Rossfleisch wurde dann mit Schweinefleisch und Schweinespeck vermischt.

Wir wuchsen einfach auf, hatten aber immer genug zu essen. Mutter war eine Wunderköchin, die es immer verstand, mit einfachsten Mitteln und ohne Fleisch für viel Abwechslung zu sorgen. Der Gemüsegarten war ein unersetzlicher, lebenswichtiger Ort für alle Dorfbewohner. Vor hundert Jahren war das Leben einfacher, aber auch persönlicher. Die Leute im Dorf kannten einander besser als heute. Ich wohne heute in einem Wohnhaus mit neun Eigentumswohnungen und habe von manchen Mitbewohnern keine Ahnung, wo und was sie arbeiten und verdienen. Das war vor hundert Jahren auf dem Land undenkbar. Man wusste wenigstens von den Nachbarn, was sie konnten und was sie arbeiteten und verdienten, mehr noch, man kannte ihren Charakter. Noch im Alter von zehn Jahren hatte ich es zum Beispiel nie für möglich gehalten, dass ich einmal ein eigenes Auto haben könnte. Die Leute, die damals ein Auto hatten, gehörten zu einer unerreichbaren, höheren Gesellschaft.

Ich habe die ganze Entwicklung der Landwirtschaft miterlebt, von der Sichel zur Sense, von der Sense zur Mähmaschine, von der Mähmaschine zum Bindemäher, vom Bindemäher zum Mähdrescher. Bald wird es Mähmühlen geben. In der Feld- und Landwirtschaft und der Tierhaltung ist heute alles anders. Im Ackerbau waren Zuckerrüben, Raps und Mais noch unbekannt. Die Kühe wurden von den Kleinbauern nicht nach ihrer Milchleistung gekauft, sondern nach ihrer Eignung als Zugtiere. Nur die reichen Landwirte konnten sich Pferde leisten. In manchen Gegenden arbeiteten die Landwirte mit Ochsen. Im vierten Lebensjahr mussten sie arbeiten, dann wurden sie geschlachtet, nach dem fünften Lebensjahr sank der Fleischpreis so stark, dass nur solche Ochsen länger gehalten wurden, die ein starkes Pferd ersetzen konnten. Es gab Ochsengespanne, die wie Pferdegespanne geführt werden konnten.

Auch in der Tierhaltung hat sich viel verändert. So wie wir in meiner Jugend die Schweine gehalten haben, ist das heute verboten. Der Schweinestall für zwei Schweine war nur etwa sechs Quadratmeter gross und gerade so hoch, dass man darin stehen konnte. Aber Schweine sind saubere Tiere, sie misteten in der Ecke, der Schlafboden war sauberer als in der modernen Schweinehaltung heute, wo es viel Platz gibt, aber keinen Rückzugsort für das einzelne Tier.

Im Vergleich zu heute waren wir arm, aber zufrieden. Wie sparsam in meiner Jugend gelebt wurde, dazu ein Beispiel: Vater schickte mich, es war Oktober, gegen 19.30 Uhr zu einer alten Witfrau, die mit einer ebenfalls verwitweten Tochter in einem eigenen Haushalt wohnte. In der Stube war es dunkel, trotzdem öffnete ich die Haustür. Ich war oft in diesem Haus und wusste, wo es in die Stube und in die Küche ging. Es war noch nicht Zeit zum Schlafen, vielleicht war Amalie irgendwo in der Nähe. Plötzlich ging die Stubentür auf und traf mich beinahe am Kopf. Amalie sagte: "Komm herein, wir sind da. Wir haben nur das Licht noch nicht eingeschaltet, es kostet eben viel." Tatsächlich waren die ersten Glühlampen und der Strom damals sehr teuer, aber es hat mich doch enorm beeindruckt. Daheim waren zur gleichen

Zeit drei Glühlampen eingeschaltet, eine im Stall, eine in der Küche und eine in der Stube.

Im ersten Jahr nach der Schule war ich Knecht bei einem Landwirt, der zwei Pferde hatte. Im zweiten Jahr nach der Schule war ich in der Lehre als Huf- und Wagenschmied. Mein Vater musste meinem Lehrmeister noch Lehrgeld zahlen, weil ich beim Lehrmeister wohnte. Eines Tages hatte ich schreckliche Zahnschmerzen. Der Zahnarzt sagte, für vierzig Franken könne er den Zahn flicken, sonst müsse er ihn entfernen. Ich getraute mich nicht, Vater um Geld zu bitten, und der Lehrmeister gab mir sowieso nichts. Also zog mir der Zahnarzt den Zahn für zwei Franken. Vierzig Franken waren damals viel Geld, ein Monatslohn für einen jungen Knecht.

Noch ein Erlebnis, das mir bis zu meinem Tod unbegreiflich bleiben wird, das aber nur bedingt mit meinem Alter zu tun hatte: Es war im Herbst 1939. Die Generalmobilmachung war befohlen worden. Mein Meister auf dem Bauernhof, bei dem ich Jungknecht war, musste mit dem jüngeren Pferd einrücken. Das ältere wurde für dienstuntauglich erklärt und durfte glücklicherweise auf dem Hof bleiben. Mit nur einem Pferd konnte ich unmöglich machen, was unbedingt erforderlich war. Jetzt kam mir zugute, dass wir daheim keine Pferde hatten. Ich kannte mich aus mit Kühen und wusste auch, wie man sie als Zugtiere einsetzt. Auf dem Dachboden des Bauernhauses fand ich alte Zuggeschirre für Kühe. Irgendwo im Gerümpel auf dem Dachboden fand ich Faden und Nadeln, mit denen ich die alten Zuggeschirre flicken konnte. Die Nähnadeln musste ich mit einer alten Flachzange durch Stoff und Leder ziehen. Um eine Nadel unbeschädigt durch dicken Stoff zu ziehen, muss man sie am Nadelöhr durchstechen. Wehe wenn sie vom Werkzeug abrutscht, dann durchsticht sie schnell die Hand. Ich überlegte, wie ich das Problem lösen konnte. Ich nahm eine gewöhnliche Haushaltsschere und bohrte bei geöffneter Schere ein 4 mm grosses Loch 5 mm von der Drehachse entfernt durch beide Scheren. Schliesst man nun die Schere, so hat man in der obersten Scherenklinge ein Loch, das von der unteren Klinge überdeckt ist. Jetzt kann jede Nadel sicher durch Stoffe und Leder gestochen werden, das Nadelöhr kann nicht herausrutschen. Öffnet man die Schere so weit, dass die gebohrten Löcher übereinander liegen, kann man sie als Zange benutzen.

Ich erklärte meine Idee einem Scherenfabrikanten und sagte, nur durch das Stanzen eines kleinen Lochs in die Schere erhalte diese einen hohen Verwendungszweck. Meine riesige Enttäuschung: Der Fabrikant sah keinen Mehrwert in dieser Bohrung. Meine Erkenntnis: Ist ein Mensch nie mit wirklicher Armut konfrontiert worden, kann er vieles nicht erkennen. In diesem Fall sieht er keinen Sinn. Warum sollte eine Schere, die zum Schneiden entwickelt wurde, eine Funktion übernehmen, für die es schon längst separate Werkzeuge gibt? Haushaltsscheren hat jede Hausfrau zur Hand, aber nicht so selbstverständlich einen Fingerhut und eine Zange. Ich glaube, dass es noch viele sinnvolle Dinge gibt, die aus den unterschiedlichsten Gründen nie produziert wurden. Ein Hochschulingenieur sagte mir einmal, dass er einen Rauchgasfilter entwickelt hat, der die Luft besser reinigt als alle Geräte in Betrieb, aber er sei damit nicht durchgekommen, obschon sein Gerät billiger herzustellen gewesen wäre. Wer in der heutigen modernen Gesellschaft eine starke Position hat, lässt sich nicht in Gefahr bringen.

Wird es auch im ewigen Leben Entwicklungen geben, oder wird alles vollkommen sein? Jesus konnte auf dem Wasser gehen, benutzte dennoch Boote. Wohin gehen wir nach dem Tod? Johannes 17,24: "Vater, ich will, dass die, welche du mir gegeben hast, auch bei mir seien, wo ich bin, damit sie meine Herrlichkeit schauen, die du mir gegeben hast, denn du hast mich geliebt vor Grundlegung der Welt." 14,1-3: "Euer Herz werde nicht bestürzt. Ihr glaubt an Gott, glaubt auch an mich! Im Hause meines Vaters sind viele Wohnungen. Wenn es nicht so wäre, würde ich euch gesagt haben: Ich gehe hin, euch eine Stätte zu bereiten? Und wenn ich hingehe und euch eine Stätte bereite, so komme ich wieder und werde euch zu mir nehmen, damit auch ihr seid, wo ich bin."

Es ist undenkbar, dass Jesus in der Ewigkeit an einem unschönen Ort wohnen wird. Er will ja, dass wir seine Herrlichkeit sehen. Hebr. 10,16-18: Das ist der Bund, den ich mit ihnen schliessen will nach diesen Tagen, spricht der Herr: Ich will meine Gesetze in ihr Herz geben und in ihren Sinn will ich sie schreiben und ihrer Sünden, und ihrer Missetaten will ich nicht mehr gedenken. Wo aber Vergebung der Sünden ist, da geschieht kein Opfer mehr für die Sünde.

Mit dieser Verheissung will ich das Büchlein schliessen. Welch selige Hoffnung, Gott will uns nicht nur die Sünden und Missetaten vergeben, er will uns auch das alte Leben nicht mehr vorhalten, er will es vergessen.

Nachtrag – Intifada (Aufstand)

Es sind unmenschliche Gräueltaten der radikal islamistischen Hamas beim Überfall auf Israel am 7. Oktober 2023 der Öffentlichkeit bekannt geworden. Dieser 7. Oktober wird wie der 24. Februar 2022, dem Tag des Einmarsches der russischen Armee in die Ukraine, der Menschheit in Erinnerung bleiben. Da das tatsächliche Ausmass der Gräueltaten nur langsam an die Öffentlichkeit kam, sind diese Zeilen schon wie ein Anhang zum Thema Wahrheit und Lüge. Alle bisher bekannten Misshandlungen von den letzten Kriegen haben sich am 7. Oktober 2023 in Palästina wiederholt und sind nicht vorbei. Der Monat Oktober wurde von der Hamas gut gewählt. Der Herbst ist die Zeit der grössten Feste Israels. Das grösste Fest Jom Kippur fand dieses Jahr am 25. September statt, dann wird im Oktober das neue Jahr und das Laubhüttenfest gefeiert. Es ist die Zeit, in der Israel am wenigsten an militärische Aktionen denkt. Eben zur Zeit des Überfalls feierte Israel eine Art Erntedankfest in der Negevwüste. Die Juden entdeckten in der Wüste einen unterirdischen See. Das Wasser ist von grosser Wichtigkeit für Pflanzenkulturen, die gewaltige Wassermengen brauchen. Der lange geplante Überfall galt den Grenzdörfern und eben auch diesem fröhlichen Fest, dass nur fünf Kilometer von der Grenze entfernt stattfand. Ich sah in einem veröffentlichten Film, wie Motorradfahrer fliehende Festbesucher einholten und diese zu bereitstehenden Autos führten. Das Sanitätspersonal, das nach dem späten Eingreifen der israelischen Armee die eingesammelten Leichen identifizieren mussten, stellten Grausames fest. Einzelne Leichen waren so zugerichtet, dass sie nicht mehr identifiziert werden konnten. Ihre Köpfe müssen mit Schaufeln oder Pickeln zertrümmert worden sein. Durch grausame und tödliche Vergewaltigungen wurden Mädchen und Frauen die Beckenknochen gebrochen. Man weiss, dass es heidnische Rituale gab, bei denen ein lebendiges Herz dem Götzen geopfert werden musste. So schnitt man dem Opfer das Herz so schnell heraus, dass es noch schlagen konnte. Aber hinter diesem grausamen Tod stand ein verheerender Irrtum: Die Vorstellung, der Götze werde das Opfer dem ganzen Volk mit gutem Wetter, guter Ernte und guter Gesundheit vergelten. Die grausamen Missetaten im Krieg dienen einzig der Befriedigung der primitivsten Sehnsüchte der grausamen Menschen. Die Wahrheit über das unmenschliche Geschehen ist ganz einfach: Je näher sich ein Mensch mit seinem ganzen Leben zu Gott hält, je mehr wird er Gott ähnlich. Der Menschensohn Jesus lebte so eng mit Gott zusammen, dass er so innig mit Gott verbunden war, dass er sagen konnte: Joh. 14.9 Jesus spricht zu ihm: Solange bin ich bei euch und du kennst mich nicht, Philippus ? Wer mich sieht, der sieht den Vater!

Im Gegenzug gilt das Gleiche: Je näher ein Mensch mit dem Teufel lebt, desto mehr wird er teuflisch und dem Bösen, dem Teufel ähnlicher. Der böse Mensch erfindet immer neue Foltermethoden. Untersuchungen ergaben, dass im zweiten Weltkrieg jede zehnte Frau sich das Leben nahm, um nicht in die Gewalt der Russen zu fallen. Aber beim Überfall am 7. Oktober hatte kein Mädchen, keine Frau diese Möglichkeit. Vielen der Gewalttäter war es nicht genug, die Opfer zu missbrauchen, sie schnitten Frauen die Brüste ab und öffneten mit Messern ihre Leiber. Ich kann mir vorstellen, dass böse Menschen im Krieg immer unmenschlicher werden, aber dass Menschen, die ein anständiges Leben führen, von einer Stunde zur andern zu Teufeln werden können, ist schlicht unsagbar. Es gibt nur eine Erklärung: Die Macht des Teufels. Diese Macht fängt früh an. Wenn Menschen von Jugend an gelehrt werden, die Juden sind an allem Bösen schuld, es gibt nichts Vernünftigeres als sie zu töten, werden Menschen teuflisch. An der Universität Bern, der Hauptstadt der Schweiz, gibt es wie in anderen Universitäten auch, ein Institut für Entwicklungen im Nahen Osten und muslimischen Gesellschaften. Dieses Institut wird z. Z. von der Professorin Dr. Serena Tolino geleitet. Ihr Ehemann, Dr. Hassan Ashraf, ist Dozent an diesem Institut. Dieser Dozent sagte öffentlich, im Blick auf den Überfall, sonst wäre sein Zitat hier am falschen Platz: Danke an die palästinensischen Widerstandskämpfer für das beste Geschenk an meinem Geburtstag und Shabat Shalom. Die genannte Institutsleiterin bemerkte dazu, sie erkenne darin keine antisemitische Intention. Gegenwärtig wird der ganzen Welt klar, dass ungeheure Geldsummen, die der Hamas für das Volk übergeben wurden, ins Militär investiert wurden. Ohne Geld kann niemand Krieg führen. Für jeden Menschen, der an seine Zukunft denkt, ist es von zeitloser Bedeutung, dass er die grossen Gegensätze zwischen Wahrheit und Lüge, zwischen Jesus Christus und dem Teufel, erkennt. Es geht um die Wahrheit, um die Aufrichtigkeit. Niemand wird der genannten Professorin abnehmen, der Überfall der Hamas auf Israel am 7. Oktober d.J. wäre nicht antisemitisch, er ist sogar echt teuflisch. Die Bibel bejaht niemals alles, was Israel tut, aber sie zeugt von einem Rest, d.h. nur ein kleiner Teil von Israel lebt und wird nach Gottes Willen leben, und diesem Rest gehört die Zukunft. Wahrheit und Lüge, Gott und Teufel, es liegt Mensch an dir, auf welcher Seite du leben willst. Jesus sagt, auf dass schon längst hingewiesen worden ist, Joh. 14.6 : Ich bin der Weg und die Wahrheit und das Leben, niemand kommt zum Vater denn durch mich.

Denke daran: Jesus hat viel grössere Macht als der Teufel.

Nahe am Tod

1 Ich stehe vor dem Eingang zur Ewigkeit
das Ende meines ersten Lebens naht;
wer steht im Tod zum Empfang bereit?
Bin ich willkommen mit dem, was ich tat?

2 Mit wem schreite ich in den nahen Tod?
Wer begleitet mich in das fremde Land?
Bin ich ganz verlassen in Todesnot?
Ist niemand der mir im Tod reicht die Hand?

3 Im Tode blick ich auf den, der mich liebt;
auf den, der im Tode den Tod besiegt.
Jesus reicht mir im Tode seine Hand,
im Leben und Tod sein' Gnade mich umgibt.

4 Der Teufel will mich vom Leben reissen,
meine Schuld stellt er hin vor Gottes Thron;
Jesus sagt: Es gilt was ich verheissen,
der Teufel muss weichen mit grossem Hohn!

5 Das sagt der aufschliesst und niemand schliesst zu,
den Himmel hat Jesus vorbereitet;
die ihn lieben und ehren, gibt er Ruh,
allen die er durch's Leben geleitet.

6 Lebt wohl, die ihr auf der Erde noch bleibt,
Gott weiss wo und wann wir uns wiedersehn!
Bittet, dass er euch zum Himmel geleit,
er wird euch im Tode und Leben beistehn!

Spreitenbach, Dezember 2023, Walter Neukom